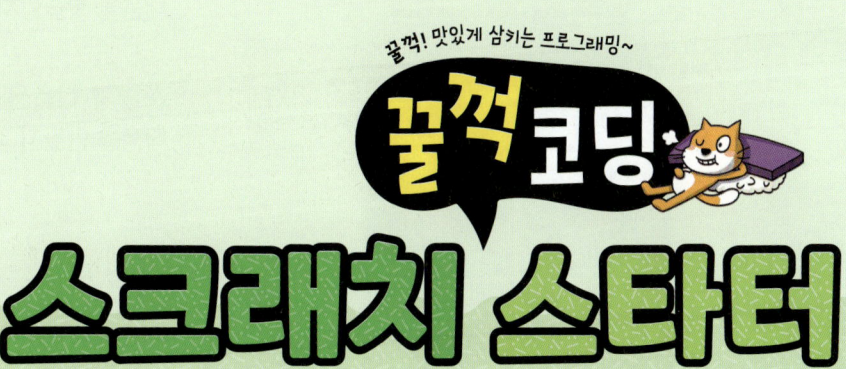

초판 발행일 | 2025년 7월 25일

지은이 | 창의코딩연구소
발행인 | 최용섭
책임편집 | 이준우
기획진행 | 송지효

㈜해람북스
주소 | 서울시 용산구 한남대로 11길 12, 6층
문의전화 | 02-6337-5419 **팩스** | 02-6337-5429
홈페이지 | https://class.edupartner.co.kr

발행처 | (주)미래엔에듀파트너
출판등록번호 | 제2020-000101호

ISBN 979-11-6571-241-9 13000

이 책은 저작권법에 따라 보호받는 저작물이므로 무단전재와 무단복제를 금지하며,
이 책 내용의 전부 또는 일부를 이용하려면 반드시 저작권자와 (주)미래엔에듀파트너의 서면동의를 받아야 합니다.

※ 잘못된 책은 바꾸어 드립니다.
※ 책 가격은 뒷면에 있습니다.

이 책의 구성

학습목표 : 단원별로 학습할 내용을 요약 정리하여 어떤 내용을 학습할지 미리 확인할 수 있도록 했어요.

오늘의 작품은? : 해당 단원에서 코딩을 통해 어떠한 작품을 만들지 파악할 수 있도록 했어요.

주요 블록 : 해당 단원에서 사용할 주요 블록들을 블록 이미지로 확인할 수 있도록 했어요.

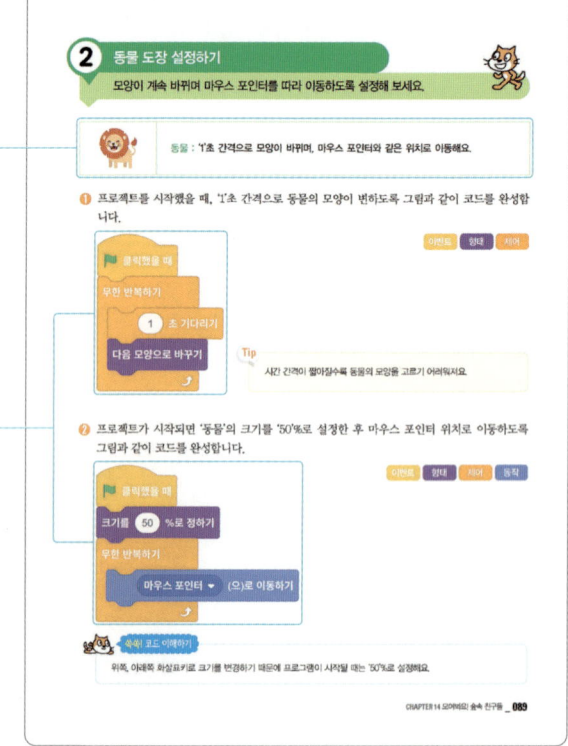

스프라이트 : 코드를 작성할 스프라이트의 이미지와 어떤 명령의 코드를 작성할지 확인할 수 있도록 했어요.

좌표, 신호 보내기 등 코드 작성 시 꼭 알아두어야 할 개념을 예시를 통해 알기 쉽게 설명해 두었어요.

쏙쏙! 코드 이해하기 : 작성한 코드가 어떠한 명령을 실행하기 위한 코드인지 알기 쉽게 설명해 두었어요.

tip : 코드를 작성하며 알아두어야 할 내용이나 관련 정보, 주의할 점 등을 확인할 수 있어요.

좌표, 신호 보내기 등 코드 작성 시 꼭 알아두어야 할 개념을 예시를 통해 알기 쉽게 설명해 두었어요.

스스로 코딩 : 학습한 내용을 활용하여 스스로 작품을 만들어 보며 학습 내용을 완벽히 습득하도록 했어요.

코드를 작성할 스프라이트를 이미지로 제공하고 미션을 해결하기 위한 조건들을 확인할 수 있도록 했어요.

이 책의 차례

01 반짝반짝 우주 여행

006

02 신나는 음악 축제

013

03 점 따라 그리기

021

07 토끼와 거북이

045

08 빙그르르 피젯 스피너

051

09 보물 카드를 찾아라

056

13 우주선을 놓친 외계인

080

14 모여봐요! 숲속 친구들

087

15 먹물 뿜는 문어

092

19 아이스크림 쌓기

118

20 데칼코마니 패턴
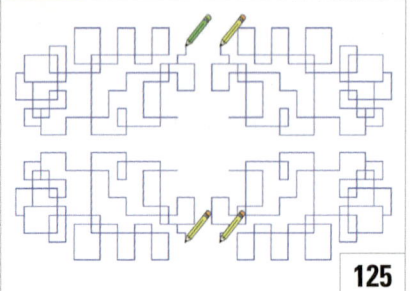
125

21 고드름아 떨어지지마!

131

CONTENTS

04 공룡들의 댄스 파티	05 여기저기 랜덤 거미줄	06 밤하늘 반짝이는 별
 027	 034	 039
10 날아라 우주선	11 바닷속 열대어들	12 돼지를 구해줘!
 062	 067	 073
16 도깨비불의 정체는?!	17 개구쟁이 유령 잡기	18 바나나 몰래 먹기
 098	 104	 111
22 웅덩이를 피해요	23 몬스터가 나타났다!	24 배달의 달인
 136	 141	 148

01 반짝반짝 우주 여행

학습목표
- 스크래치 프로그램의 화면 구성을 알아봐요.
- 배경을 변경하여 우주 공간을 꾸밀 수 있어요.
- 스프라이트를 사용하여 우주 여행을 표현할 수 있어요.

오늘의 작품은?

'스크래치(Scratch)3.0' 프로그램을 실행하고 화면 구성에 대해 확인해 봐요. 우주 여행을 표현할 수 있도록 배경과 다양한 스프라이트를 추가하고 크기와 방향을 수정하여 배치할 수 있어요. 나만의 우주 여행 장면을 만들어요.

• 예제 파일 : 없음   • 완성 파일 : 01강 우주 여행하기(완성).sb3

주요 블록

- [배경 고르기]를 클릭하여 원하는 배경 고르기
- [스프라이트 고르기]를 클릭하여 원하는 스프라이트를 무대에 추가하기

1 화면 구성 알아보기

스크래치와 친해지기 위해 스크래치 화면 구성을 확인해보세요.

① 스크래치 화면 구성을 확인합니다.

❶ **상단 메뉴** : 언어 선택, 파일 관리, 편집, 튜토리얼을 선택할 수 있는 공간입니다.

❷ **블록 팔레트 영역** : 스프라이트에 명령을 내리는 코드 탭, 스프라이트의 모양을 꾸밀 수 있는 모양 탭, 스프라이트의 소리를 관리하는 소리 탭이 보이는 공간입니다.

❸ **코드 영역** : 명령 블록을 조립해서 스프라이트에게 명령을 내리는 공간입니다.

❹ **스테이지(무대)** : 코드 영역의 조립한 명령 블록에 따라 스프라이트가 움직이는 공간입니다.

❺ **스프라이트 영역** : 스테이지에 삽입된 스프라이트가 표시되는 공간입니다.

❻ **배경 영역** : 스테이지에 삽입된 배경이 표시되는 공간입니다.

> **Tip**
>
> 스테이지의 버튼들은 다음과 같은 역할을 해요.
> - 🚩 **실행버튼** : 코드를 실행해요.
> - 🔴 **정지버튼** : 실행한 코드를 멈춰요.
> - **무대 크기** : 스테이지의 크기를 축소/확대 해요.
> - **최대화** : 스테이지를 화면에 맞춰 최대 크기로 변해요.

2 배경 추가하기

우주 여행에 어울리는 배경을 추가해 봐요.

❶ 바탕화면에서 [스크래치(Scratch) 3] 프로그램을 실행합니다.

❷ 우주 여행에 어울리는 배경을 추가하기 위해 배경 영역에서 [배경 고르기] 버튼을 클릭합니다.

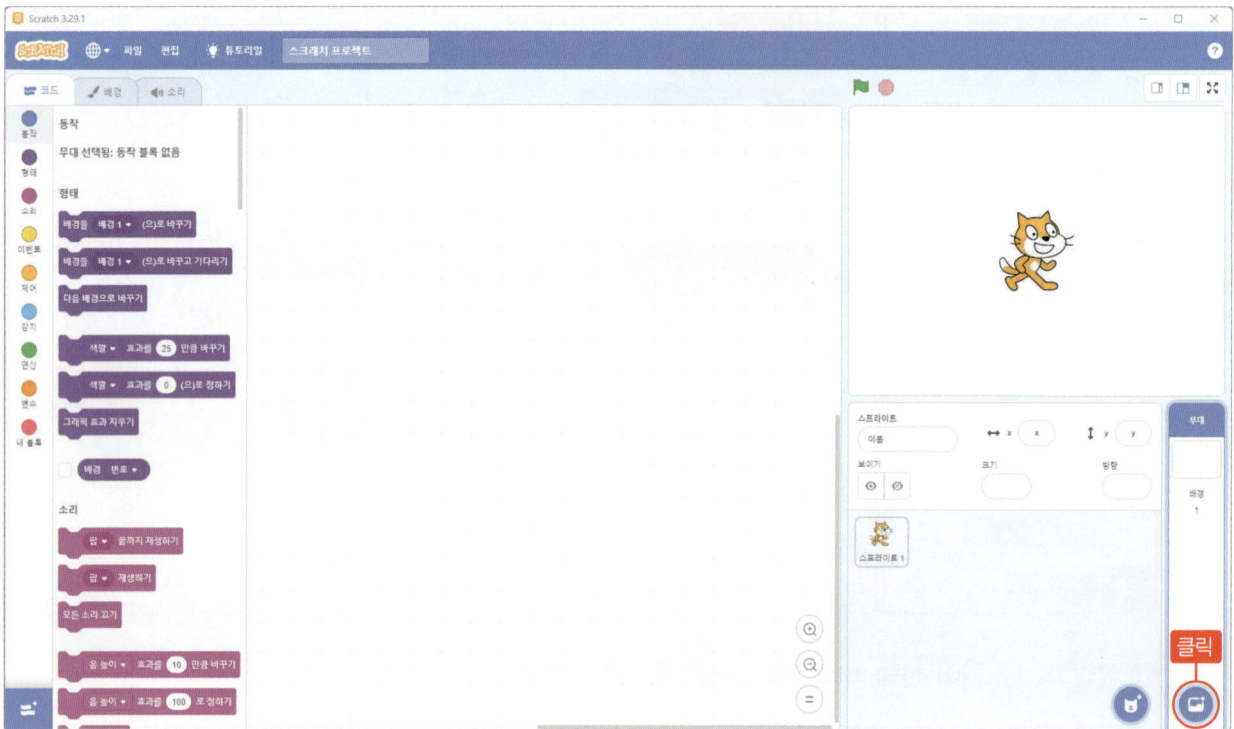

❸ [배경 고르기] 창이 나타나면 [우주]를 클릭하고 마음에 드는 배경('Space City 2')을 클릭합니다.

Tip
- 적용한 배경이 마음에 들지 않는다면, 배경 영역에서 [배경 고르기]를 다시 클릭한 후 선택해요.
- 배경을 삭제하고 싶다면, 배경 영역을 클릭한 후 [배경]탭으로 이동하여 삭제할 모양을 클릭해요.

3 장면 꾸미기

우주 여행에 어울리는 스프라이트를 추가하고 모양을 설정해 봐요.

① 스프라이트를 추가하기 위해 스프라이트 영역에서 [😺 스프라이트 고르기]를 클릭합니다. [스프라이트 고르기] 창이 나타나면 [사람들]에서 'Kiran' 스프라이트를 찾아 클릭합니다.

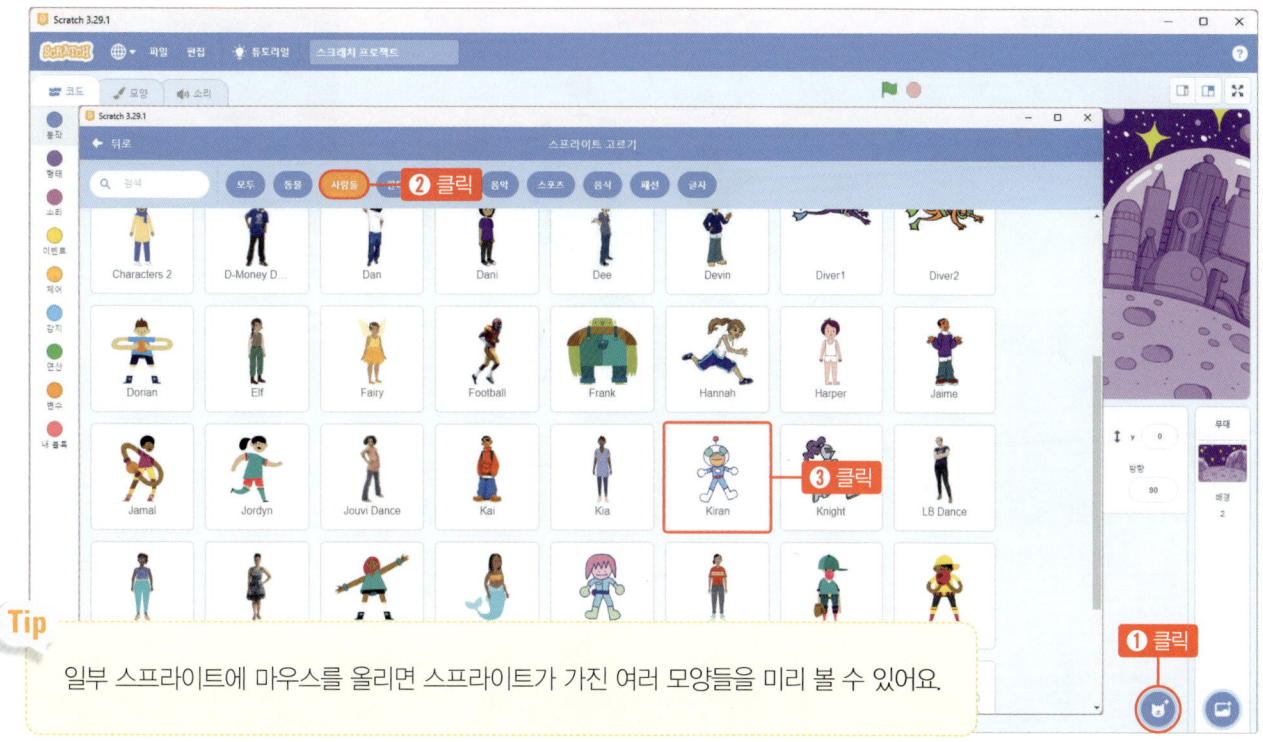

Tip 일부 스프라이트에 마우스를 올리면 스프라이트가 가진 여러 모양들을 미리 볼 수 있어요.

② 스프라이트가 추가되면 스테이지에서 'Kiran' 스프라이트를 클릭한 후 드래그하여 원하는 위치로 이동시킵니다.

❸ 이어서 [모양] 탭을 클릭하여 목록 중에서 마음에 드는 모양을 선택한 후 우주인이 모양과 반대쪽을 바라보도록 좌우 반전을 클릭합니다.

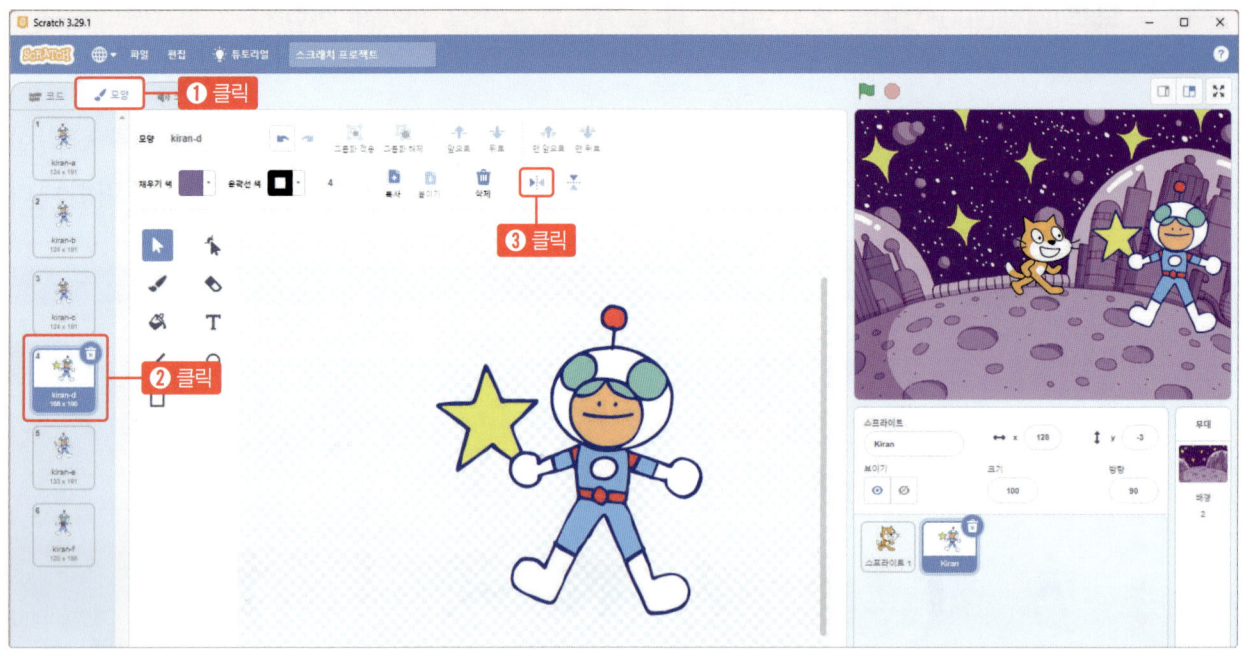

Tip 스프라이트의 크기를 변경하고 싶다면 스프라이트 영역에서 크기 값을 변경해요.

❹ 스프라이트 영역에서 삭제할 스프라이트를 클릭한 후 휴지통 버튼을 클릭합니다.

Tip 삭제한 스프라이트를 다시 되돌리고 싶다면, [편집]-[스프라이트 되돌리기]를 클릭해요.

❺ ❶~❹와 같은 방법으로 스프라이트를 추가하고 배치하여 우주 여행 모습을 꾸며 봅니다.

Tip
스테이지의 스프라이트를 드래그하면 선택된 스프라이트가 맨 앞으로 이동해요.

❻ 프로젝트가 완성되면 [파일]-[컴퓨터에 저장하기]를 클릭하고 [다른 이름으로 저장] 창이 열리면 이름을 입력한 후 [저장]을 클릭합니다.

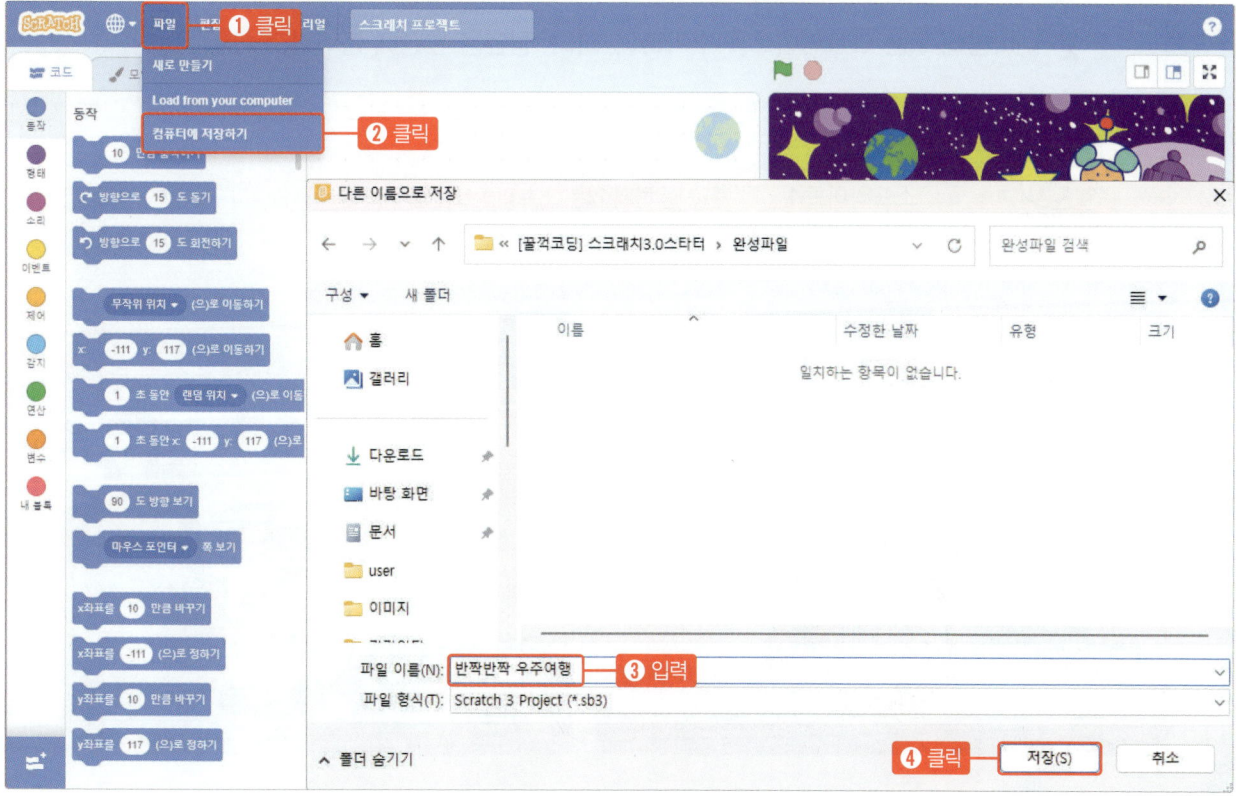

01 스스로 코딩

• 예제 파일 : 없음   • 완성 파일 : 01강 파티장(완성).sb3

 **1** 스크래치 3.0 프로그램을 실행하고 '파티' 분위기의 배경을 설정해 봅니다.

 Party   ① 배경 영역에서 [배경 고르기]를 클릭합니다.

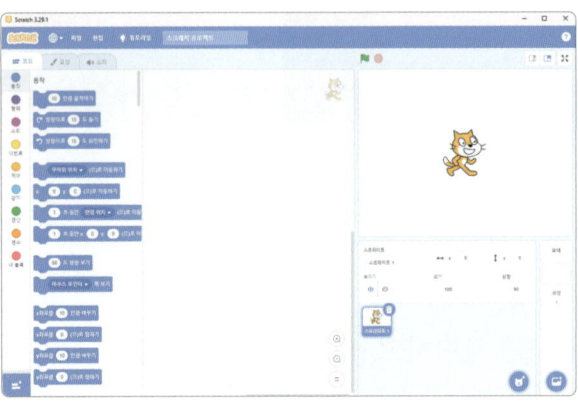 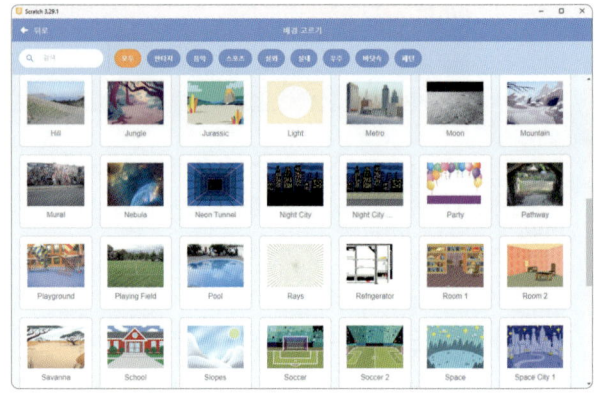

 **2** 마음에 드는 스프라이트를 추가하여 '파티' 장면을 완성해 봅니다.

 스프라이트 1   ① 사용하지 않는 스프라이트는 클릭하여 삭제합니다.

02 신나는 음악 축제

학습목표
- 스프라이트에 원하는 소리를 삽입할 수 있어요.
- 배경에 색깔 효과를 적용하도록 코딩해요.
- 스프라이트가 시간 간격을 두고 좌우로 회전하도록 코딩해요.

음악 축제가 열리는 캠핑장에 왔어요. 배경에 어울리는 소리를 고르고 프로젝트가 시작되면 소리가 재생돼요. 배경의 색이 1초 간격으로 바뀌며 축제 분위기를 표현하고 아이들은 좌우로 흔들며 춤을 춰요. 신나는 음악 축제장으로 떠나봐요!

• 예제 파일 : 02강 신나는 음악 축제(예제).sb3   • 완성 파일 : 02강 신나는 음악 축제(완성).sb3

주요 블록

 클릭했을 때   색깔 ▼ 효과를 25 만큼 바꾸기   1 초 기다리기    방향으로 15 도 돌기

1 소리 추가하기

스크래치에서 제공하는 다양한 소리를 확인하고 추가해 봐요.

① 바탕화면에서 [🟠 스크래치(Scratch) 3] 프로그램을 실행한 후 [파일]-[Load from your computer]를 클릭하여 '02강 신나는 음악 축제(예제).sb3' 파일을 불러옵니다.

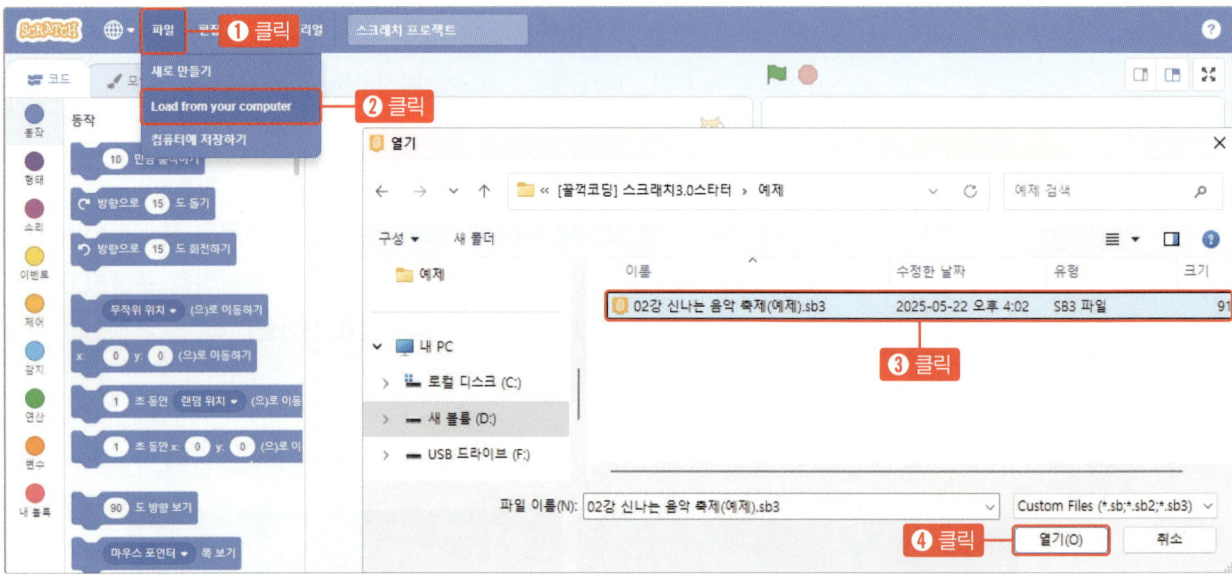

② '배경' 스프라이트를 클릭한 후 [소리] 탭의 [🔊 소리 고르기]를 클릭하고, [소리 고르기] 창이 나타나면 [반복]에서 마음에 드는 소리('Cave')를 클릭합니다.

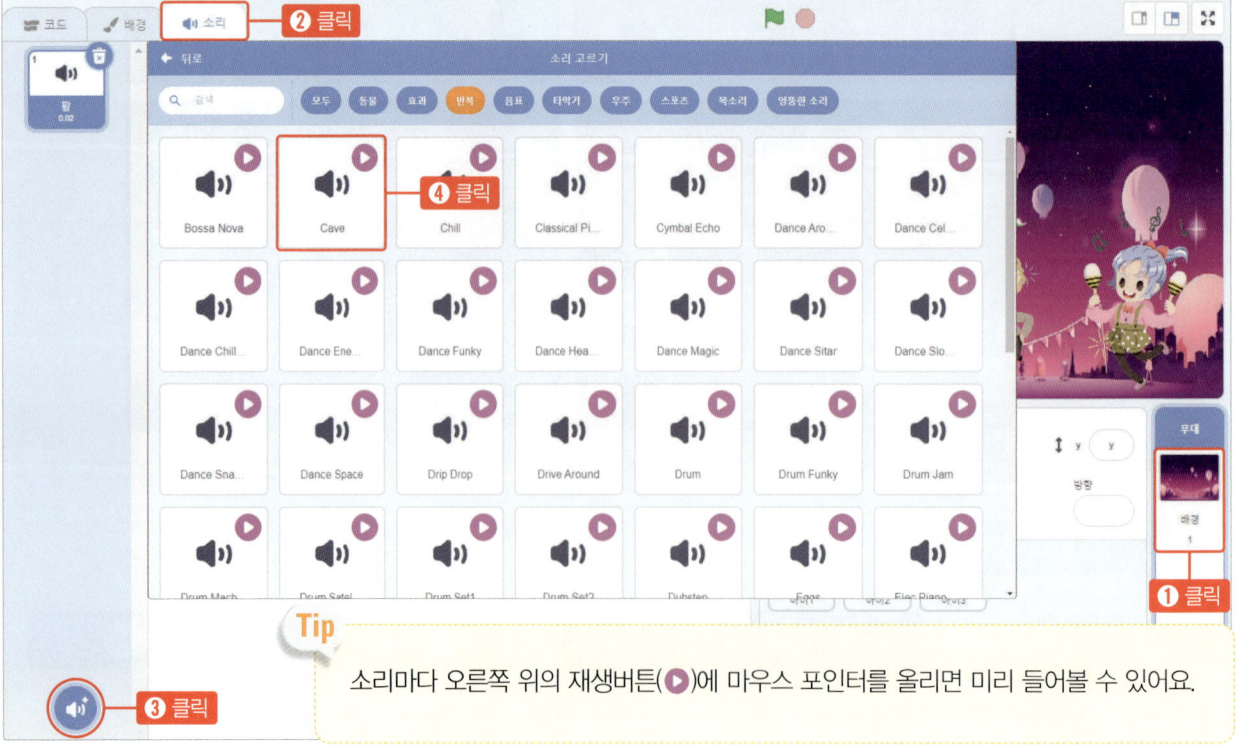

Tip 소리마다 오른쪽 위의 재생버튼(▶)에 마우스 포인터를 올리면 미리 들어볼 수 있어요.

2 소리 재생하기

코드 블록을 사용하여 소리를 재생할 수 있도록 해요.

 배경 : 프로젝트가 실행되면 배경음악이 재생돼요.

❶ [코드] 탭을 클릭한 후 프로젝트가 실행되면 명령을 실행하기 위해 [이벤트] 카테고리의 [클릭했을 때] 블록을 코드 영역으로 드래그합니다.

❷ 이어서 [소리] 카테고리의 [끝까지 재생하기] 블록을 코드 영역으로 드래그하여 연결하고, 추가한 소리(Cave)를 선택합니다.

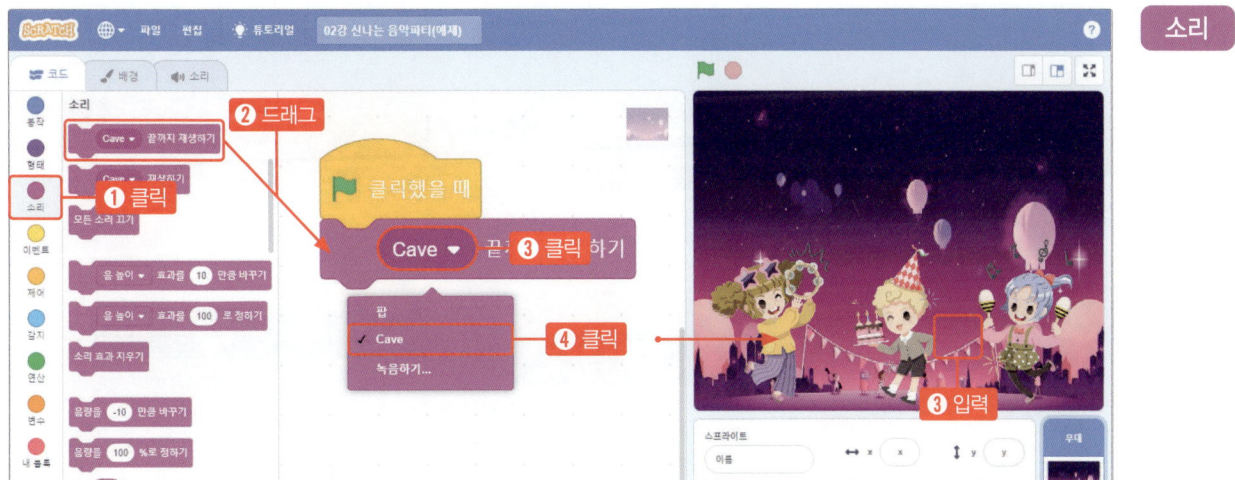

Tip
블록들을 연결하면 가장 위쪽 블록부터 차례대로 명령을 실행해요.

3 파티장 분위기 만들기

배경 색깔을 여러 번 변경하여 파티장 분위기를 만들어 보세요.

 배경 : 프로젝트가 실행되면 일정한 간격으로 배경 색깔이 변경돼요.

① 프로젝트가 실행되면 명령을 실행하기 위해 [이벤트] 카테고리의 [클릭했을 때] 블록을 코드 영역에 드래그합니다.

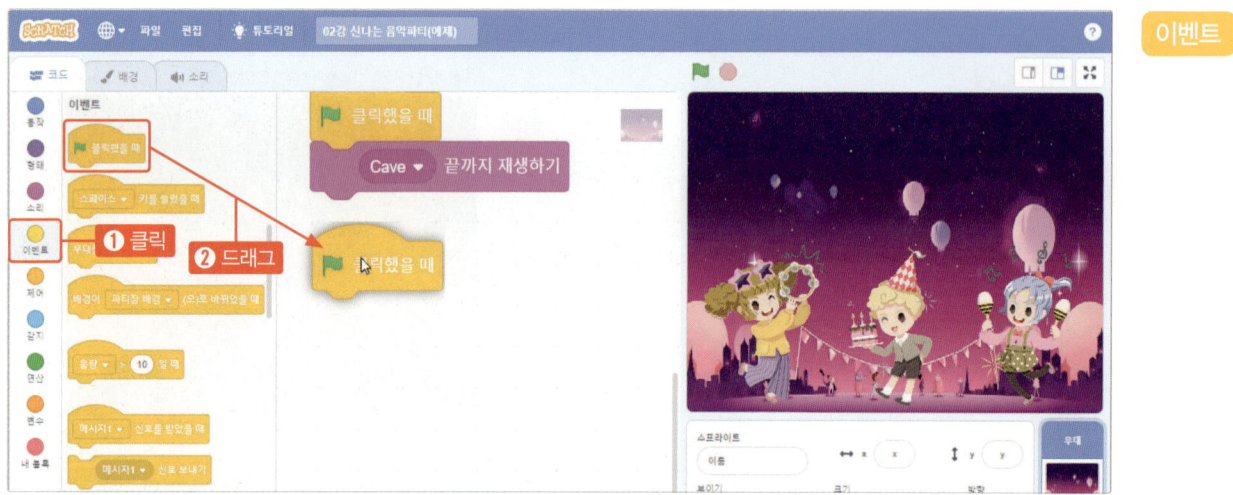

② 이어서 [형태] 카테고리의 [색깔 효과를 25만큼 바꾸기] 블록을 코드 영역으로 드래그하여 [클릭했을 때] 블록 아래로 연결하고 '25'를 지우고 '50'을 입력합니다.

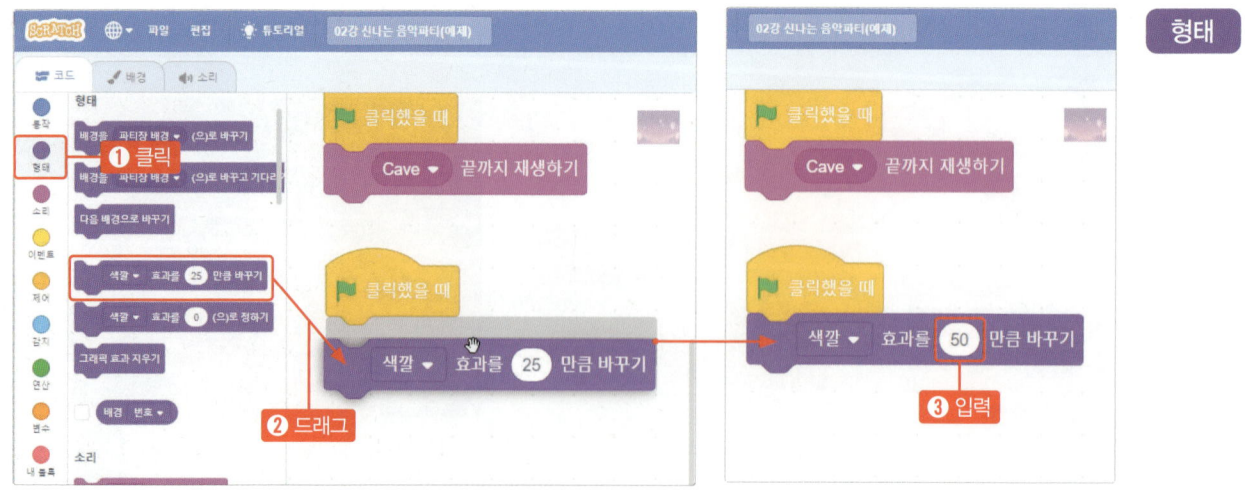

Tip 블록을 어디에 연결하느냐에 따라 프로젝트가 달라져요.

❸ 색깔이 '1'초 간격으로 변경되도록 [제어] 카테고리의 [1초 기다리기] 블록을 코드 영역으로 드래그하여 연결합니다.

제어

쏙쏙! 코드 이해하기

- 색깔 효과가 바뀌고 '1'초 동안 확인할 수 있어요.
- 색깔 효과를 '50'으로 설정하여 확실한 변화를 볼 수 있어요.

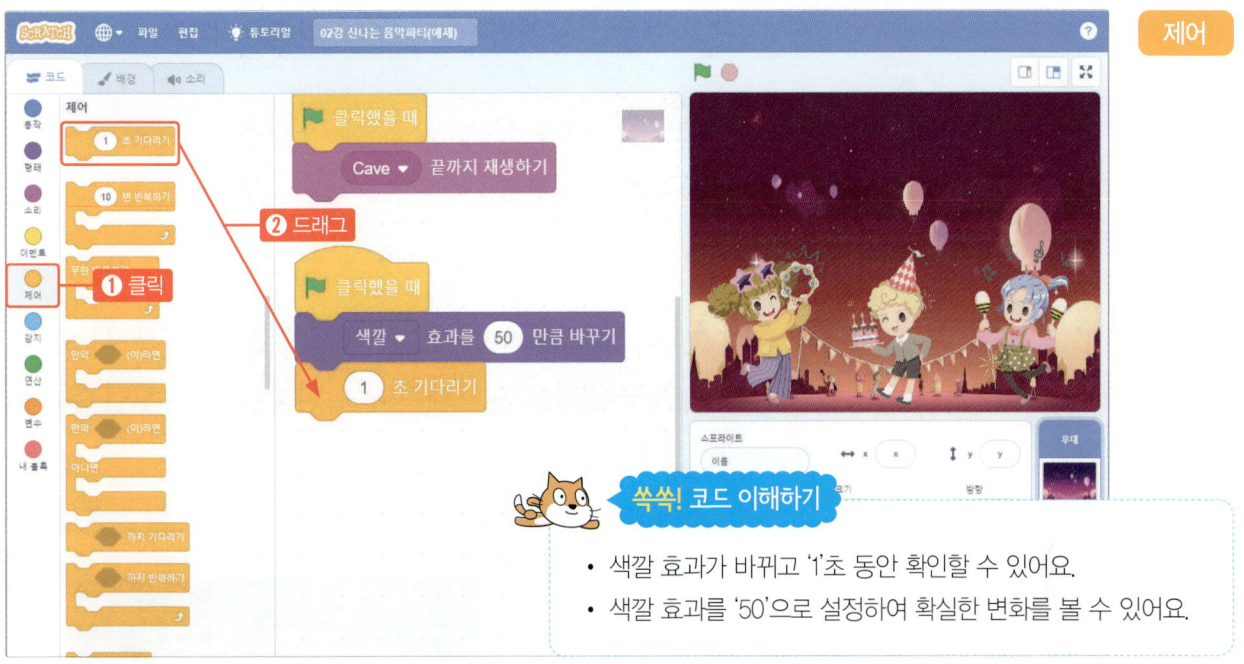

❹ ❷~❸과 같은 방법으로 배경 색깔이 '1'초 간격으로 10번 변경되도록 합니다.

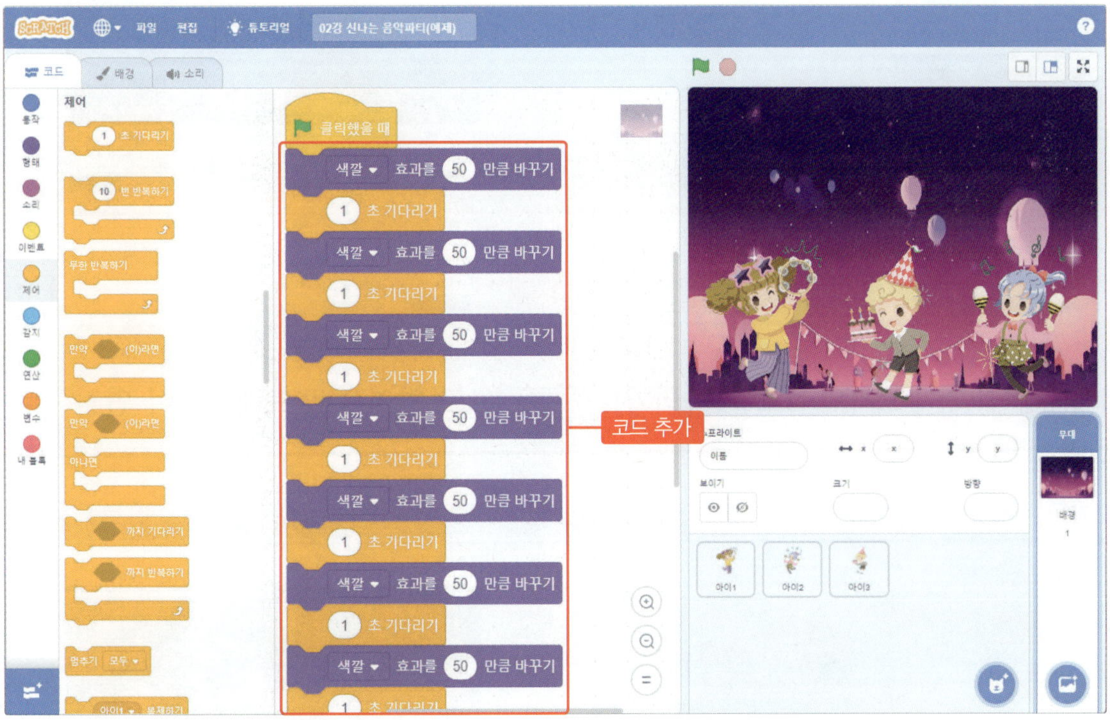

Tip

여러번 반복되는 블록은 복사해서 사용할 수 있어요.
앞서 만든 [색깔 효과를 50만큼 바꾸기] 블록에서 마우스 오른쪽 버튼을 눌러 [복사하기]를 클릭하면, 마우스 포인터를 따라 복사된 블록이 이동해요.

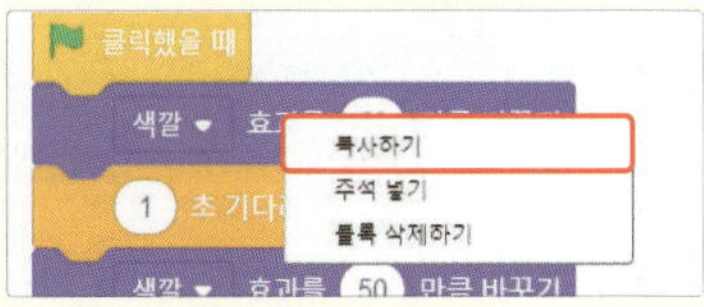

4 춤추는 모습 표현하기

아이가 좌우로 흔들며 춤을 추는 모습을 표현해 보세요.

 아이1 : 오른쪽, 왼쪽으로 흔들며 춤을 춰요.

❶ '아이1' 스프라이트를 선택한 후 [이벤트] 카테고리의 [클릭했을 때] 블록과 [동작] 카테고리의 [오른쪽 방향으로 15도 돌기] 블록을 코드 영역으로 드래그하여 연결하고, 각도를 '5'도로 변경합니다.

❷ 이어서 [제어] 카테고리의 [1초 기다리기] 블록을 코드 영역으로 드래그하여 연결한 후 '0.5' 초로 변경합니다.

❸ '아이1' 스프라이트가 왼쪽으로 회전하도록 [동작]-[왼쪽 방향으로 15도 회전하기] 블록과 [제어]-[1초 기다리기] 블록을 코드 영역으로 드래그하여 연결한 후 각도(5)와 시간(0.5)을 변경합니다.

❹ ❶~❸과 같은 방법으로 '아이1'이 좌우로 6번씩 움직이도록 코드를 완성해 봅니다.

Tip
'아이1', '아이2', '아이3' 스프라이트에 이미 작성되어 있는 코드는 삭제하지 않아요.

❺ 프로젝트를 완성한 후 🏁를 클릭하여 음악 축제를 감상해 봅니다.

02 스스로 코딩

• 예제 파일 : 02강 바이킹 작동하기(예제).sb3   • 완성 파일 : 02강 바이킹 작동하기(완성).sb3

미션 1 예제 파일을 불러와 놀이공원에 어울리는 배경음악을 설정해 보세요.

 배경
① [소리]탭에서 놀이공원에 어울리는 소리를 찾아 추가해요.
② 프로젝트를 시작하면 소리를 끝까지 재생해요.

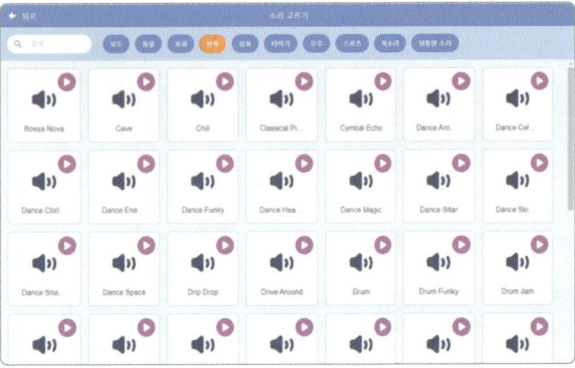 

미션 2 바이킹이 좌우로 움직이도록 코드를 작성해 보세요.

 바이킹
① 프로젝트를 시작하면 '바이킹'이 회전해요.

| 힌트 | '바이킹'이 왼쪽으로 '45'도 회전한 후 '0.1'초 후 오른쪽으로 '45'도 회전해요.

03 점 따라 그리기

학습목표
- 스프라이트의 확장 기능을 알고 추가해요.
- 펜 확장 기능을 사용하여 그림을 그리도록 코딩해요.
- 스프라이트가 특정 스프라이트의 위치로 이동하도록 코딩해요.

오늘의 작품은?

점과 점 사이에 선을 그어 그림이 완성되는 '점 따라 그리기'를 해본 적이 있나요? 동물들의 이목구비를 따라 점을 위치시킨 후 각 점들끼리 펜으로 이어보세요. 숨어 있던 동물의 얼굴이 완성돼요.

• 예제 파일 : 03강 점 따라 그리기(예제).sb3   • 완성 파일 : 03강 점 따라 그리기(완성).sb3

주요 블록

점1 ▼ (으)로 이동하기   1 초 동안 점1 ▼ (으)로 이동하기   모두 지우기   펜 내리기

1 확장 기능 추가하기

확장 기능에 대해 알아보고 펜 기능을 추가해 보세요.

❶ 확장 기능이란?

스크래치에서 제공하는 기본 블록 외에 음악, 펜, 비디오 감지, 텍스트 음성 변환 등의 카테고리를 추가하여 사용하는 기능입니다.

❷ '03강 점 따라 그리기(예제).sb3' 파일을 불러온 후 [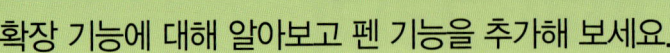 확장 기능 추가하기]를 클릭하여 [확장 기능 고르기] 창이 나타나면 [펜]을 클릭합니다.

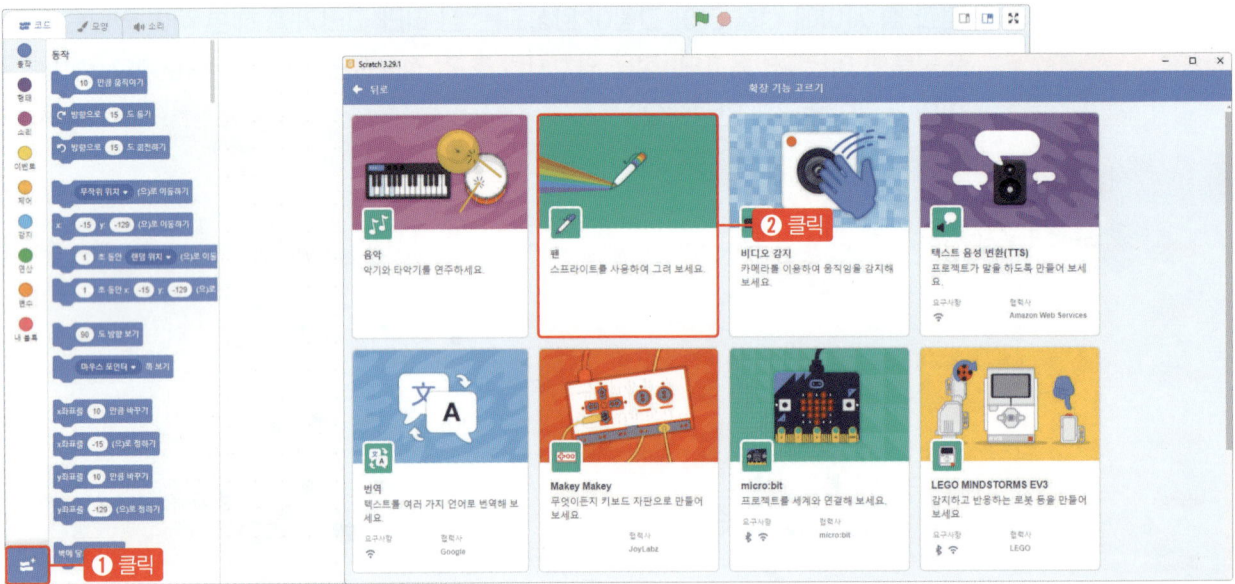

❸ [펜] 카테고리의 블록들과 기능을 확인합니다.

블록	기능	블록	기능
모두 지우기	그림 모두 지우기	펜 내리기	그리기를 시작하기
펜 굵기를 1 만큼 바꾸기	펜 굵기를 기존 크기에서 ○만큼 바꾸기	펜 올리기	그리기를 멈추기
펜 굵기를 1 (으)로 정하기	펜 굵기를 특정 크기로 정하기	도장찍기	스테이지에 모양 남기기
펜 색깔을 (으)로 정하기	펜 색깔을 원하는 색상으로 정하기		
펜 색깔 ▼ 을(를) 10 만큼 바꾸기	펜 효과(색깔, 채도, 명도, 투명도)를 기존 상태에서 ○만큼 바꾸기		
펜 색깔 ▼ 을(를) 50 (으)로 정하기	펜 효과(색깔, 채0도, 명도, 투명도)를 특정 상태로 정하기		

2 동물 얼굴 표현하기

'점' 스프라이트를 복제하여 동물 얼굴을 표현해 봐요.

① 배경 영역을 클릭한 후 [모양] 탭에서 마음에 드는 모양을 선택합니다.

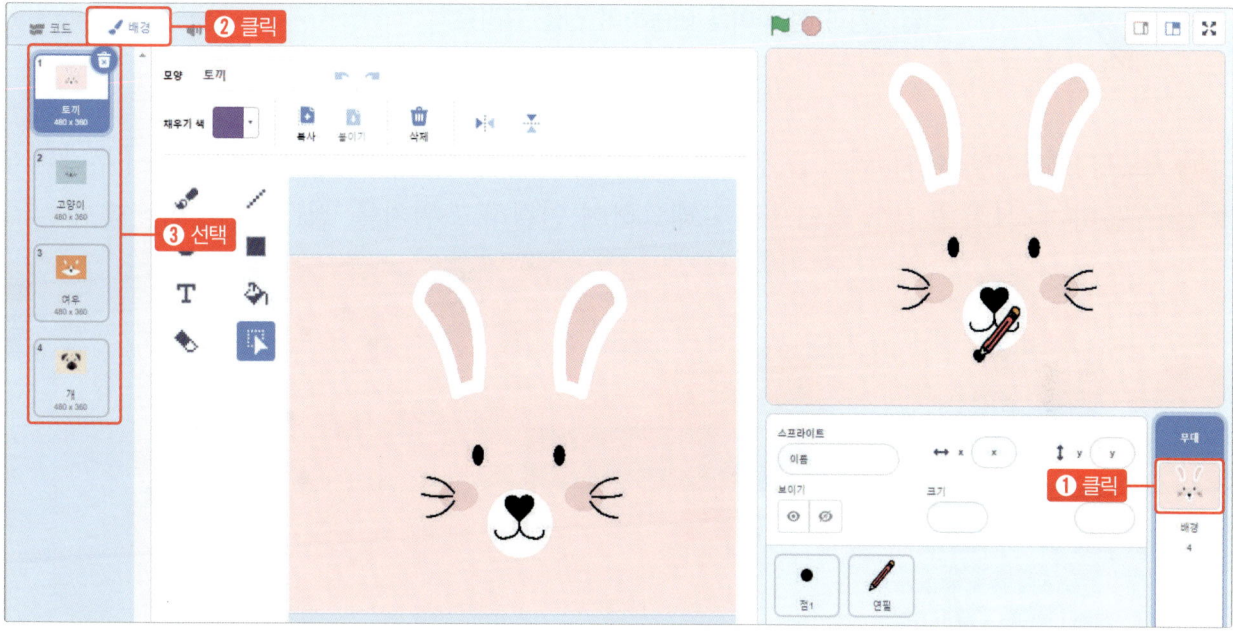

② 스프라이트 영역의 '점1'을 클릭한 후 마우스 오른쪽 버튼을 클릭하여 [복사]를 클릭합니다. 복사한 점은 순서대로 스테이지에서 드래그하여 동물 얼굴에 위치시킵니다.

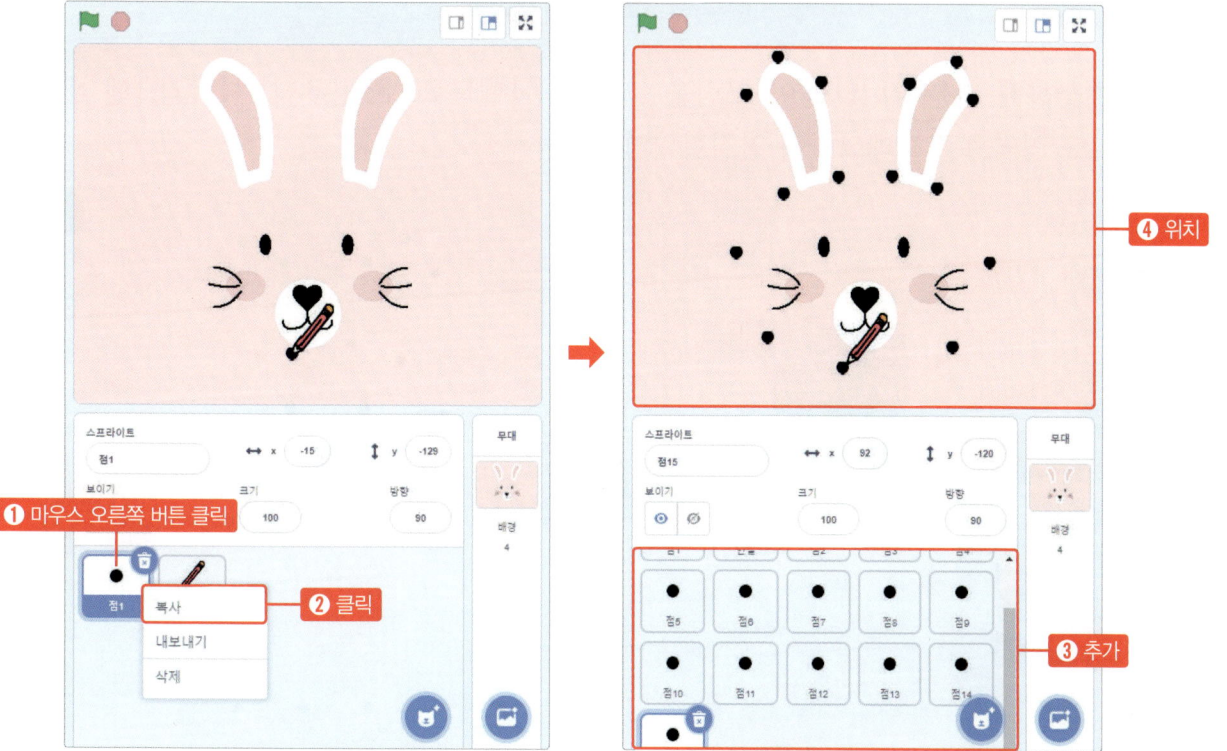

CHAPTER 03 점 따라 그리기 _ **023**

3 그림 그리기

점과 점 사이에 선을 그려 동물 얼굴을 완성하도록 설정해 봐요.

 연필 : 점과 점 사이를 이동하며 선을 그려요.

① 스프라이트 영역에서 '연필'을 선택한 후 [이벤트]-[클릭했을 때] 블록과 [동작]-['무작위 위치'로 이동하기] 블록을 코드 영역으로 드래그하여 연결하고 위치를 '점1'로 변경합니다.

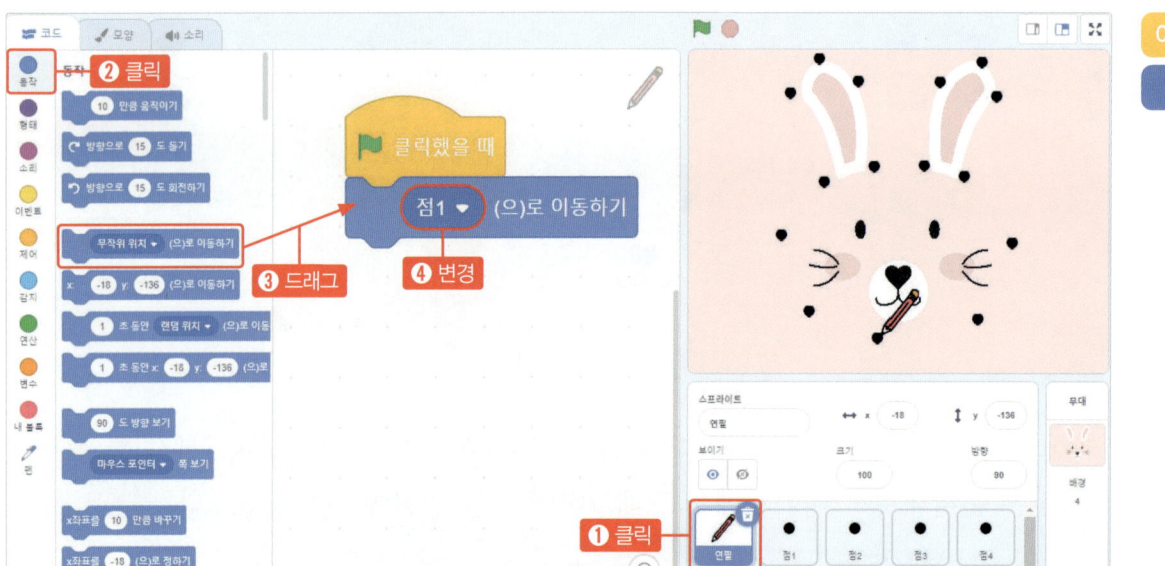

② 무대를 깨끗하게 지운 뒤 '연필'이 그림을 그리도록 [펜]-[모두 지우기] 블록과 [펜 내리기] 블록을 코드 영역으로 드래그하여 연결합니다.

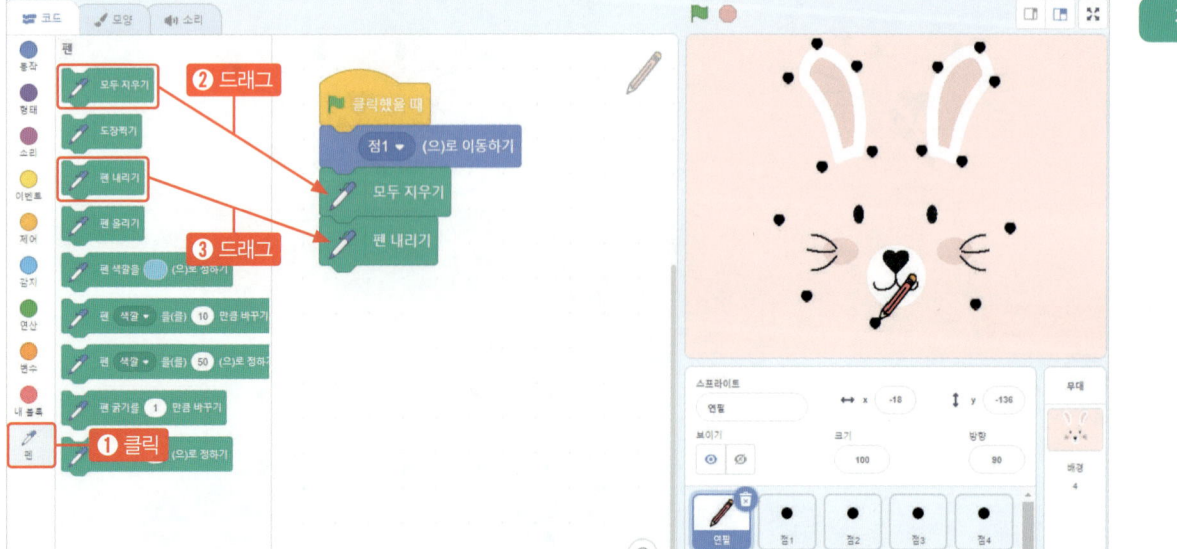

❸ '펜'이 '점1'에서 '점2'로 이동하도록 [동작]-[1초 동안 랜덤 위치로 이동하기] 블록을 코드 영역으로 드래그하여 연결한 뒤 이동 위치를 '점2'로 변경합니다.

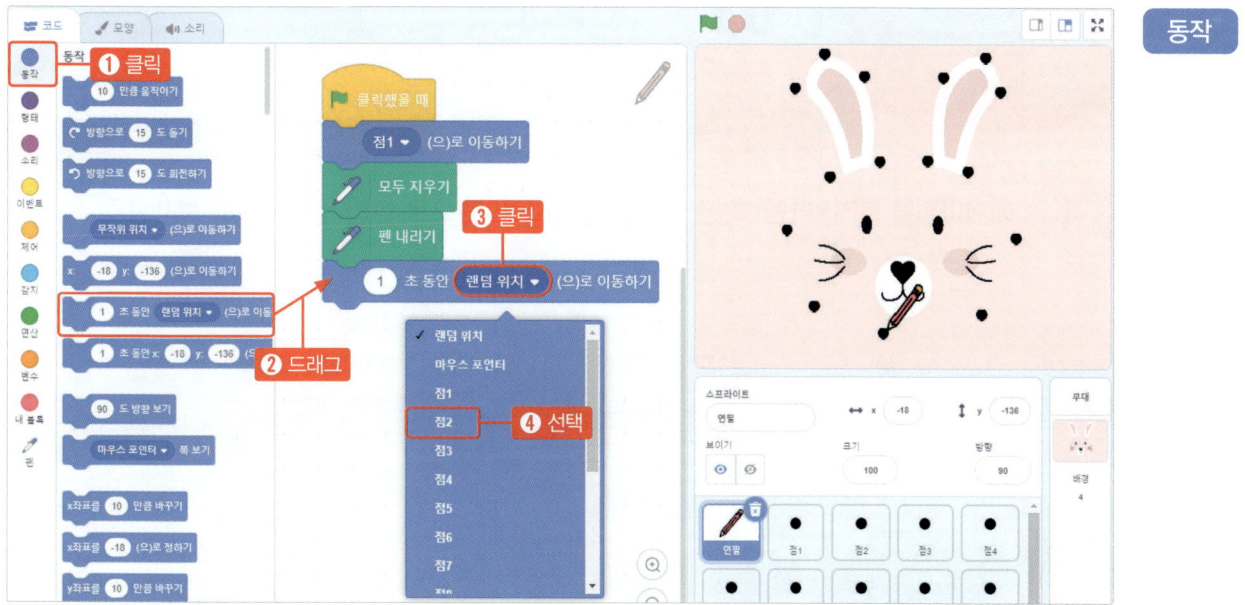

❹ ❸과 동일한 방법으로 '점3', '점4', …, 마지막 점까지 이동한 후 다시 '점1'로 이동하도록 그림과 같이 코딩합니다.

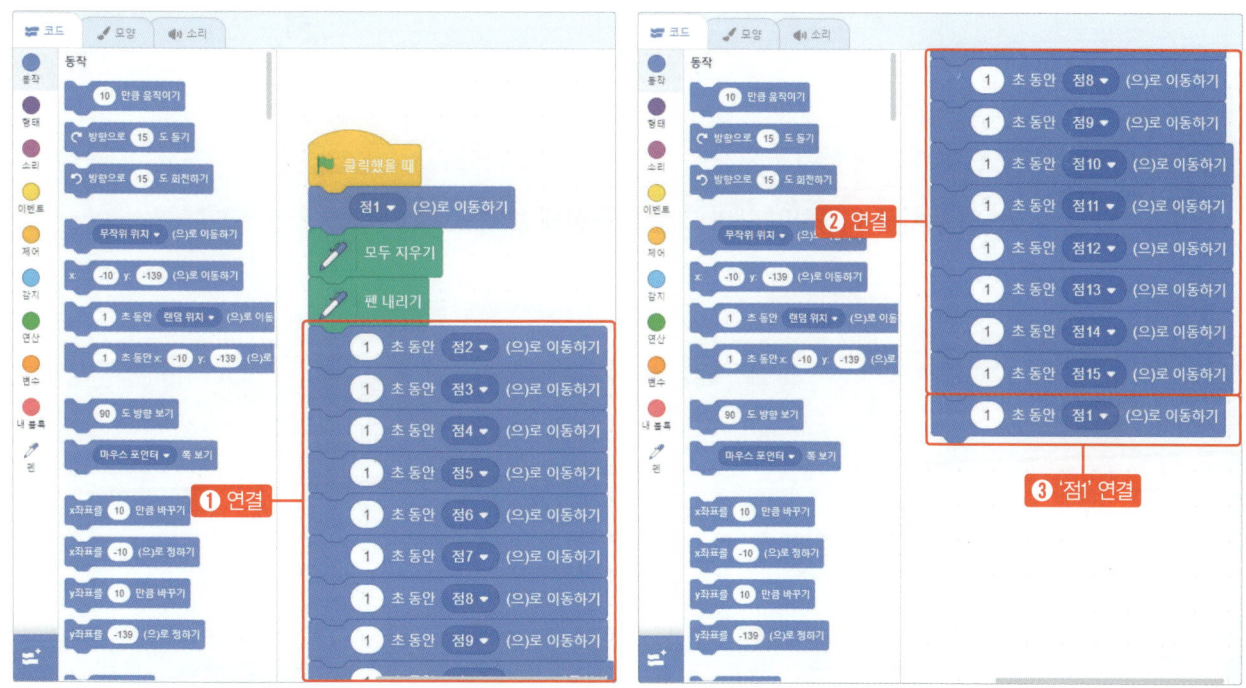

쏙쏙! 코드 이해하기

점 사이의 선이 모두 연결되도록 마지막 점 번호 다음 '점1'로 이동하는 블록을 넣어요.

❺ 프로젝트가 완성되면 시작하기를 클릭하여 동물 얼굴을 그려 봅니다.

03 스스로 코딩

• 예제 파일 : 03강 해마 그리기(예제).sb3   • 완성 파일 : 03강 해마 그리기(완성).sb3

미션 1 예제파일을 불러와 [펜] 확장 기능을 추가하여 '붓'으로 그리기를 준비해 보세요.

 붓
① [확장 기능 추가하기]에서 [펜] 기능을 추가해요.
② 프로젝트를 시작하면 '붓'이 '점1' 위치로 이동해요.
③ 그렸던 그림을 모두 지우고 그림 그릴 준비를 해요.

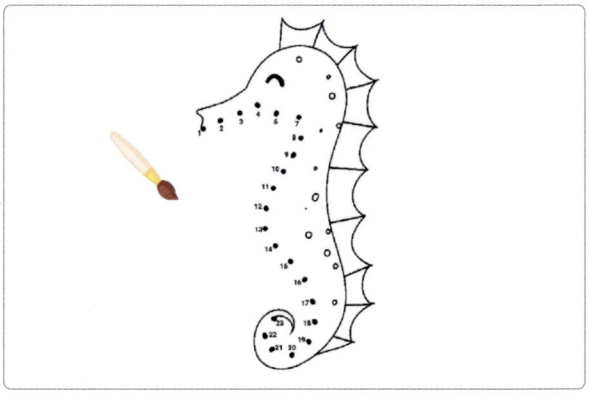

| 힌트 | [펜] 기능의 [모두 지우기]와 [펜 내리기]를 사용해요.

미션 2 '붓'의 위치를 이동하여 해마 그림을 완성해 보세요.

 붓
① '점2', '점3', …, '점22'까지 이동해요.

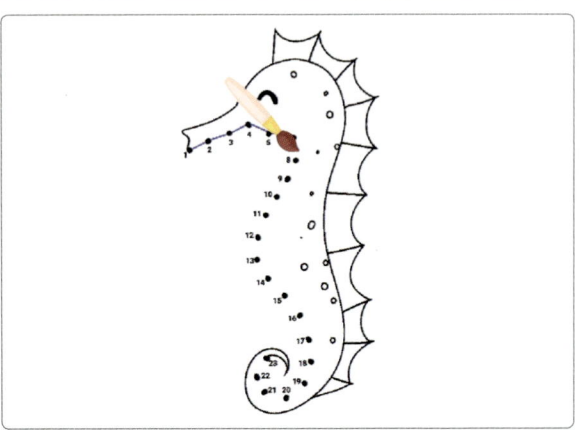
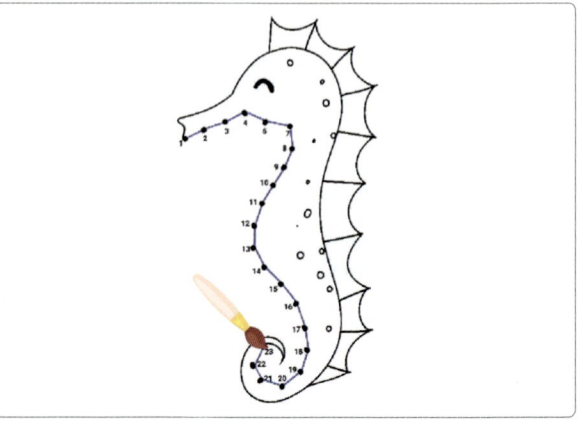

04 공룡들의 댄스 파티

학습목표
- 스프라이트의 모양에 그림을 그려 꾸밀 수 있어요.
- 지정한 횟수만큼 반복하여 모양을 변경하도록 코딩해요.
- 지정한 횟수만큼 반복하여 색깔 효과를 적용하도록 코딩해요.

공룡 마을에 댄스파티가 열렸어요. 파티에 어울리는 멋진 모습을 하고 즐겁게 춤추고 싶은 공룡들을 위해 스프라이트의 모양을 꾸며줘요. 공룡들은 모양을 바꿔가며 춤을 추고, 배경은 알록달록해져요.

• 예제 파일 : 04강 춤추는 공룡(예제).sb3　　• 완성 파일 : 04강 춤추는 공룡(완성).sb3

주요 블록

CHAPTER 04 공룡들의 댄스 파티 _ **027**

1 공룡 꾸미기

모양 탭에서 그림을 그려 공룡의 모습을 꾸며 보세요.

❶ '04강 춤추는 공룡(예제).sb3' 파일을 불러온 후 'Dinosaur1' 스프라이트를 선택하고 [모양] 탭으로 이동합니다.

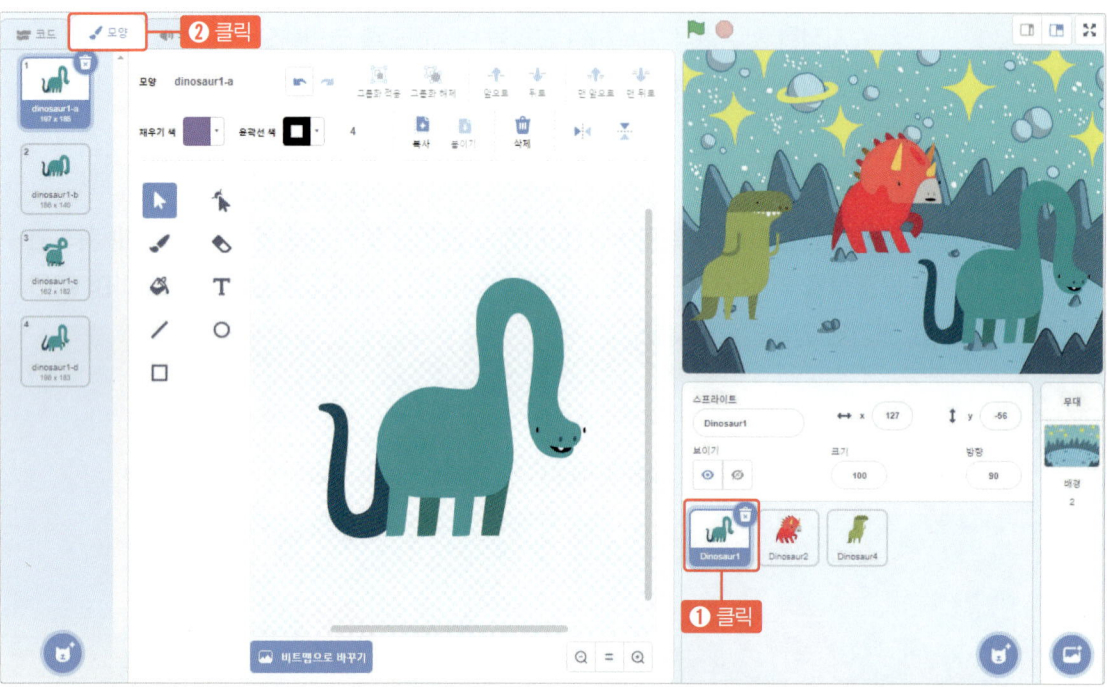

❷ ✏(붓)을 클릭한 뒤 채우기 색과 붓 굵기를 설정해 봅니다.

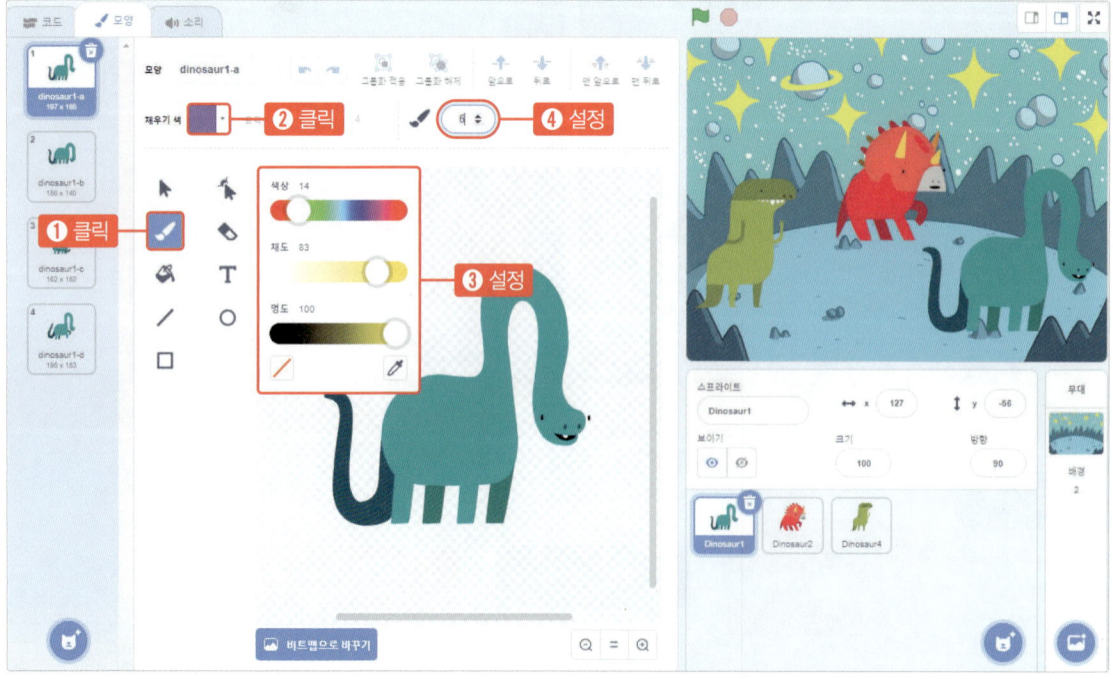

028 _ 꿀꺽코딩 스크래치3.0 스타터

❸ 설정한 붓을 사용하여 모양마다 그림을 그려 꾸밉니다.

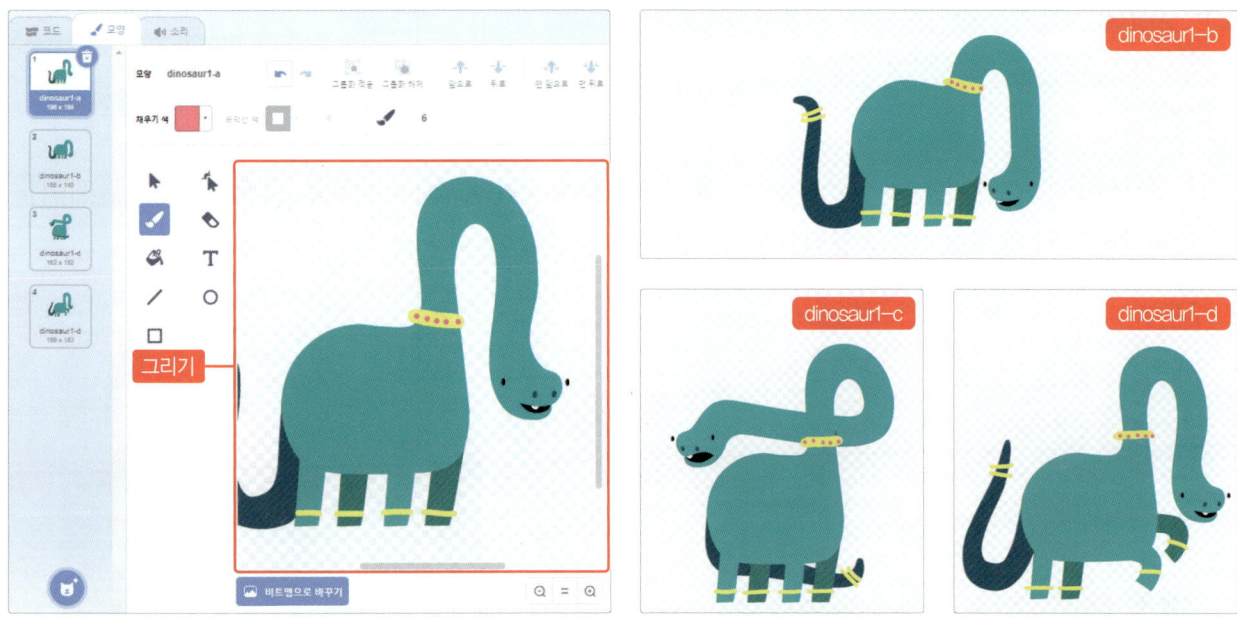

❹ ❶~❸과 같은 방법으로 다른 공룡 스프라이트들도 모양마다 그림을 그려 꾸며 봅니다.

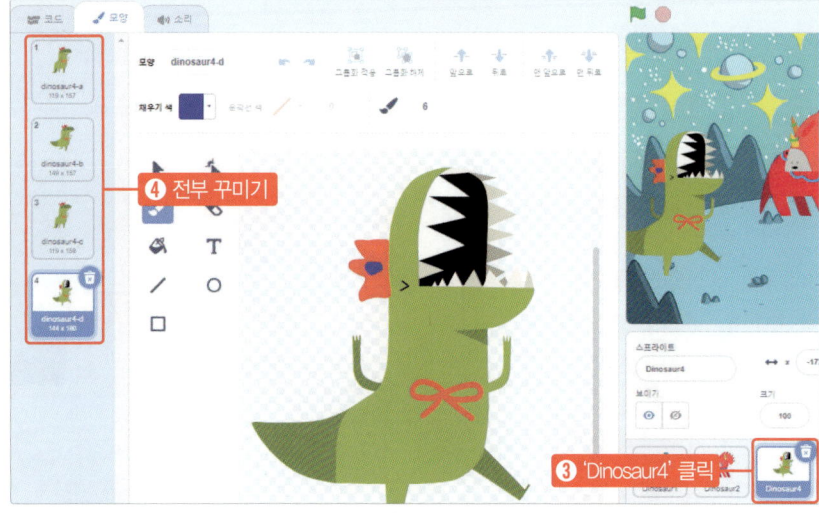

CHAPTER 04 공룡들의 댄스 파티 _ 029

2 춤추는 공룡 설정하기

반복문을 사용하여 공룡이 춤추는 모습을 표현해 봐요.

① 스프라이트 영역에서 'Dinosaur1'를 선택한 후 [이벤트]-[클릭했을 때] 블록과 [제어]-[10번 반복하기] 블록을 코드 영역으로 드래그하여 연결합니다.

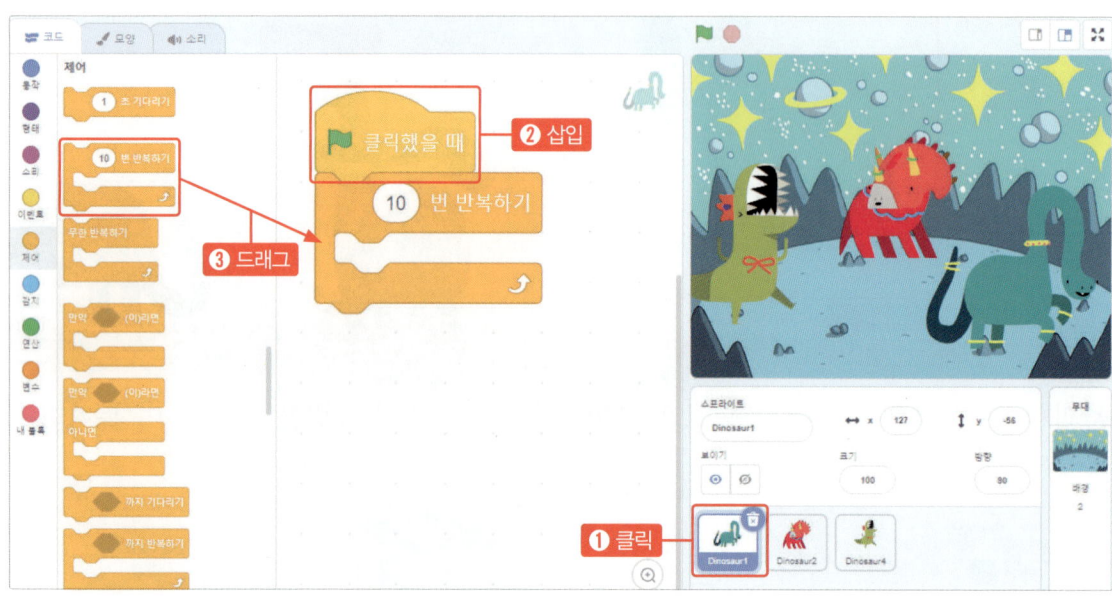

 쏙쏙! 코드 이해하기

[0번 반복하기] 블록은 입력한 횟수만큼 가운데 빈 공간에 넣은 블록의 명령을 수행하는 블록이에요. 반복하기 블록 안에는 여러개의 블록을 넣을 수도 있어요.

② [형태]-[다음 모양으로 바꾸기] 블록과 [제어]-[1초 기다리기] 블록을 코드 영역으로 드래그하여 연결한 뒤 시간을 '0.1'초로 입력합니다.

❸ 스프라이트 영역에서 'Dinosaur2'를 클릭한 후 ❶~❷와 같이 [이벤트], [제어], [형태] 카테고리의 블록들을 연결한 후 ['1'초 기다리기] 블록을 '0.5'초 기다리도록 변경합니다.

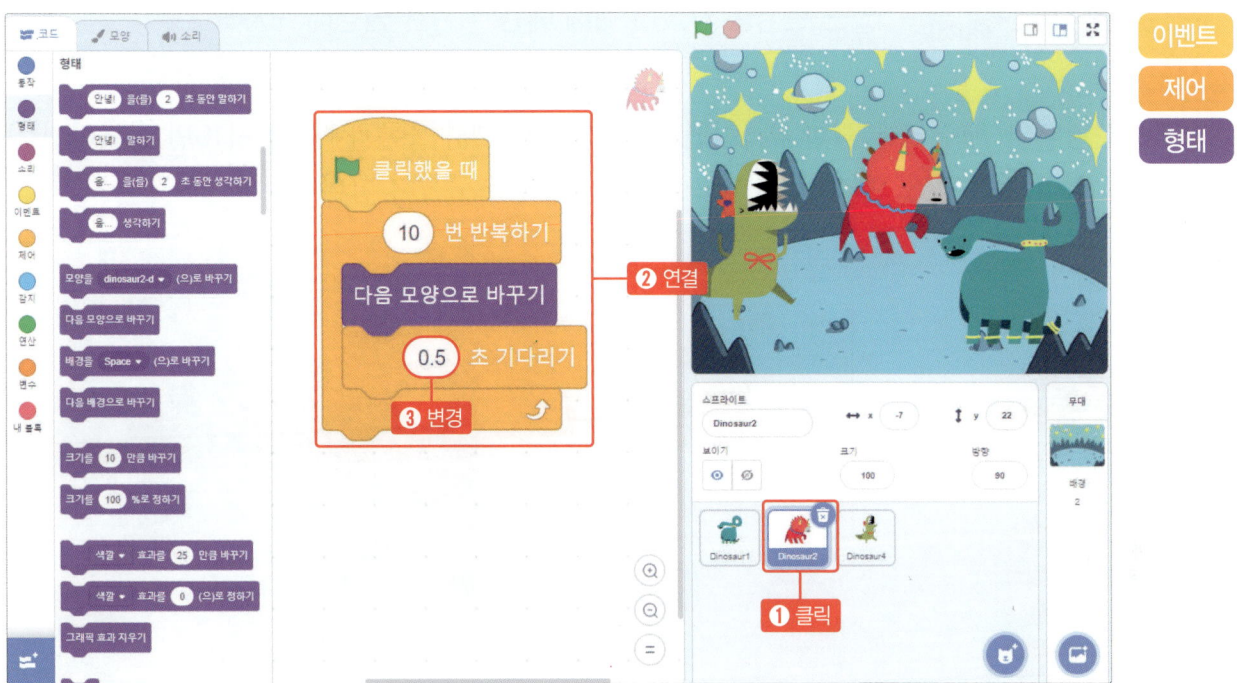

❹ 이어서 'Dinosaur4' 스프라이트를 클릭하여 ❶~❷와 같이 블록을 연결하고 ['1'초 기다리기] 블록의 시간을 '0.3'초로 변경합니다.

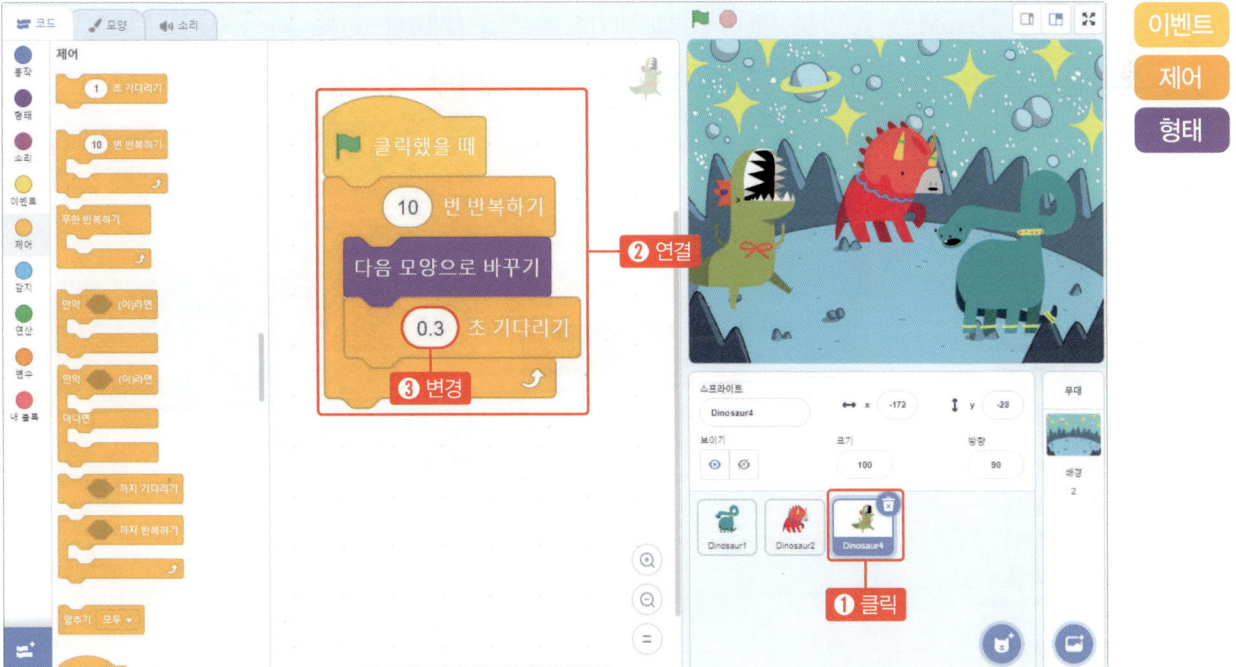

Tip
스프라이트마다 다음 모양으로 바뀌는 간격(시간)을 다르게 지정하면 다양한 느낌을 표현할 수 있어요.

3 무대 색깔 변경하기

공룡이 춤을 출 수 있는 환경을 만들기 위해 배경 색깔을 변경해 보세요.

❶ 배경 영역의 '배경'을 클릭한 후 [이벤트]-[클릭했을 때] 블록과 [제어]-[10번 반복하기] 블록을 코드 영역으로 드래그하여 연결하고 횟수를 '20'번으로 변경합니다.

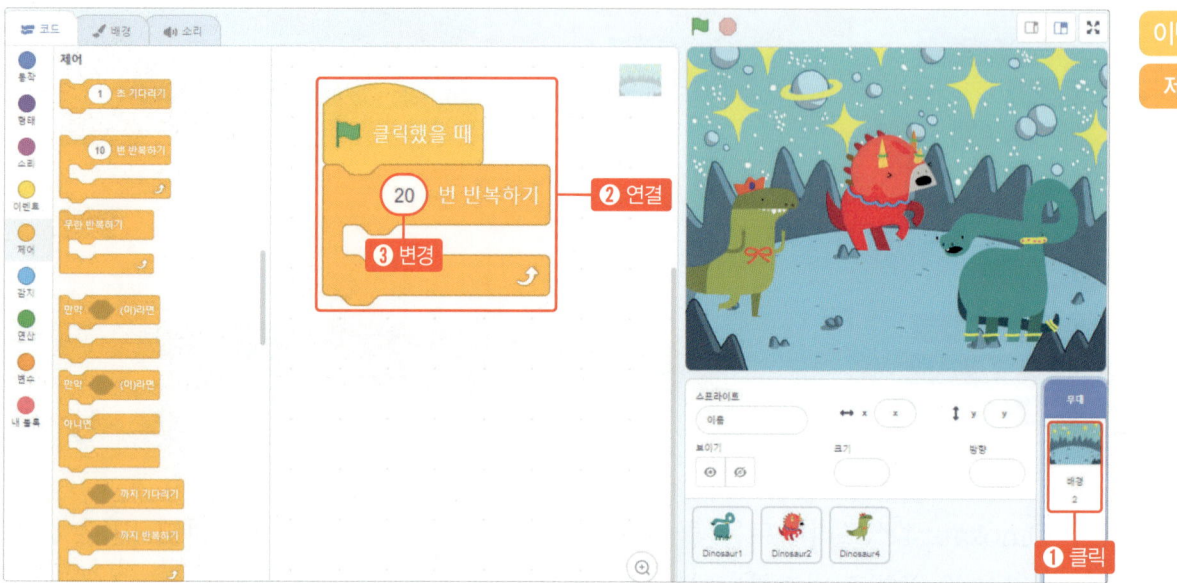

❷ 이어서 [형태]-[색깔 효과를 25만큼 바꾸기] 블록과 [제어]-[1초 기다리기] 블록을 코드 영역으로 드래그하여 연결한 뒤 시간을 '0.1'초로 변경합니다.

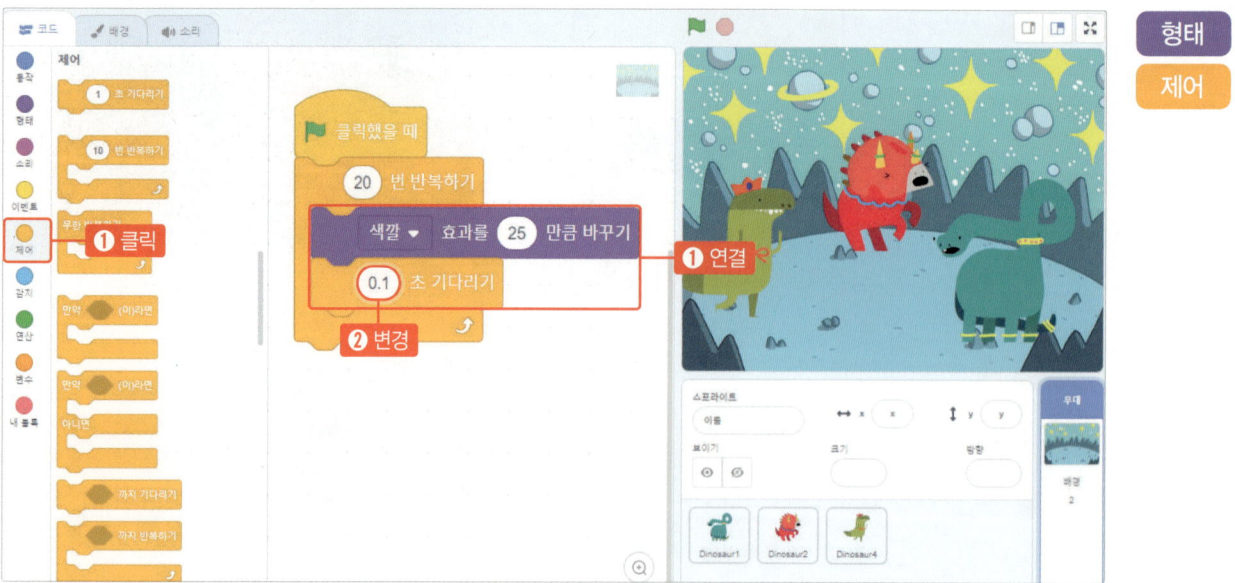

❸ 프로젝트가 완성되면 시작하기를 클릭하여 공룡들과 춤춰봅니다.

04 스스로 코딩

• 예제 파일 : 04강 댄스 공연(예제).sb3   • 완성 파일 : 04강 댄스 공연(완성).sb3

미션 1   예제 파일을 불러와 스프라이트를 추가한 뒤 모양을 꾸며 보세요.

   Champ99   ① [스프라이트 추가]를 클릭하여 'Champ99'를 추가하세요.
② [모양]탭에서 'Champ99'의 모양을 꾸며 보세요.

미션 2   댄스 대회에서 춤을 추는 모습을 코딩해 보세요.

    Champ99   ① '10'번 반복하여 '0.5'초 간격으로 'Champ99'의 모양이 변해요.

배경   ① '20'번 반복하여 '0.2'초 간격으로 '배경'의 색깔이 변해요.

| 힌트 | 배경 색깔 효과는 '25'만큼 바꾸도록 설정해요.

05 여기저기 랜덤 거미줄

학습목표
- 펜 기능을 추가하고 펜 색을 설정하도록 코딩해요.
- 스프라이트를 클릭하면 명령을 실행하도록 코딩해요.
- 특정 시간동안 랜덤 위치로 이동하도록 코딩해요.

오늘의 작품은?

숲 속에 거미가 있어요. 거미를 클릭하면 랜덤 위치로 세 번 이동하며 거미줄을 그려요. 거미를 클릭할 때마다 숲 속 여기저기 거미줄을 그릴 수 있고, 프로젝트를 시작하면 이전에 그렸던 거미줄들은 모두 사라져요. 거미와 함께 거미줄을 그려요.

• 예제 파일 : 05강 여기저기 거미줄(예제).sb3　　• 완성 파일 : 05강 여기저기 거미줄(완성).sb3

주요 블록

1 펜 설정하기

펜 기능을 사용하기 위해 확장 기능을 추가하고 색을 설정해 봐요.

① '05강 여기저기 거미줄(예제).sb3' 파일을 불러온 후 [확장 기능 추가하기]를 클릭하여 [확장 기능 고르기] 창이 나타나면 [펜]을 클릭합니다.

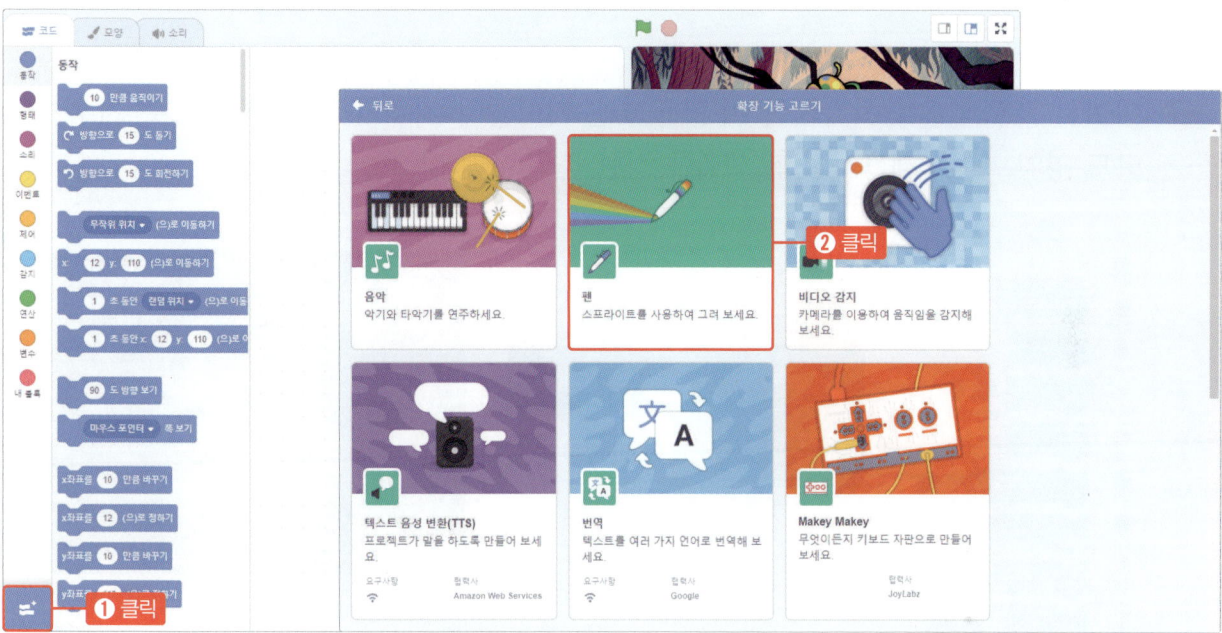

② '거미' 스프라이트를 클릭한 후 [이벤트]-[클릭했을 때] 블록과 [펜]-[펜 색깔을 ○으로 정하기] 블록을 코드 영역으로 드래그하여 연결하고 색을 흰색(색상: '0', 채도: '0', 명도: '100')으로 설정합니다.

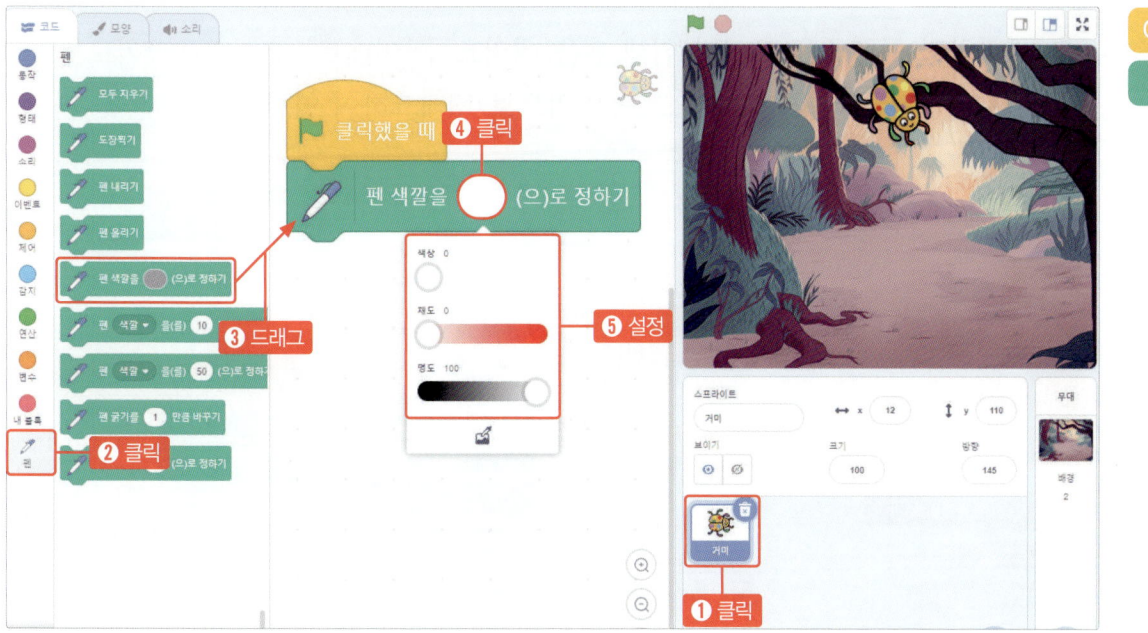

CHAPTER 05 여기저기 랜덤 거미줄 _ **035**

2 거미줄 그리기

'거미'를 클릭하면 숲 속 여기저기를 돌아다니며 거미줄을 그리도록 설정해 보세요.

 **거미** : 클릭하면 랜덤 위치로 이동하여 거미줄을 그려요.

① 이어서 프로젝트가 시작되면 이전에 그린 거미줄이 지워지도록 [펜]-[모두 지우기] 블록을 코드 영역으로 드래그하여 펜 색깔을 정한 블록 아래 연결합니다.

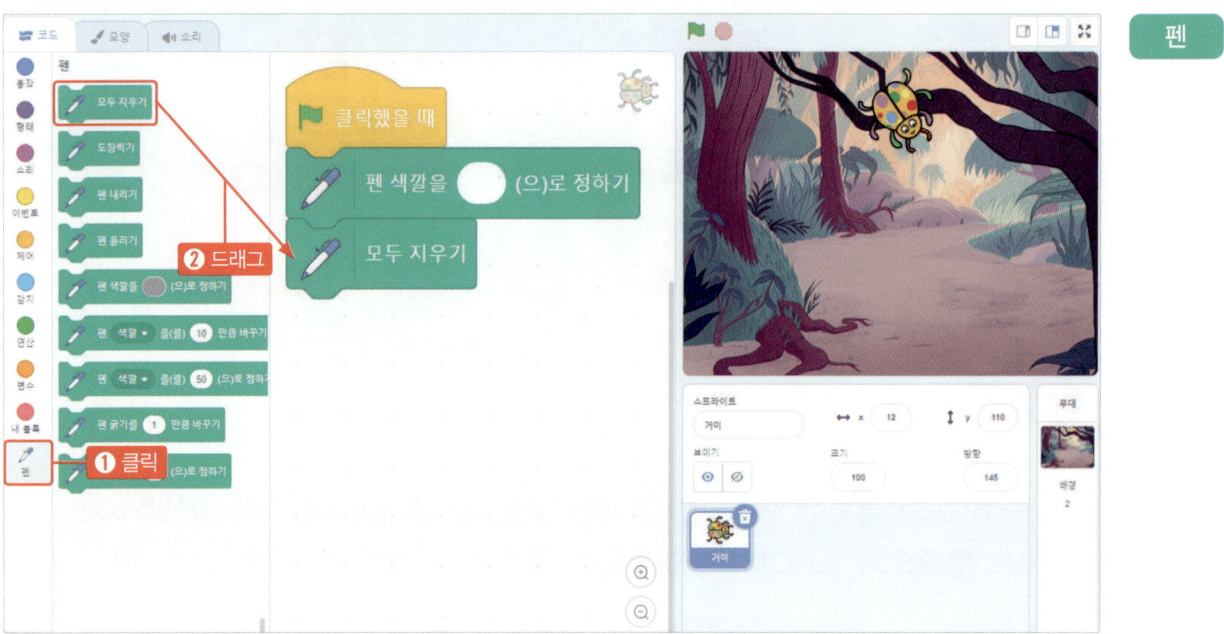

② '거미'를 클릭하면 거미줄을 그리기 위해 펜을 내리도록 [이벤트]-[이 스프라이트를 클릭했을 때] 블록과 [펜]-[펜 내리기] 블록을 코드 영역으로 드래그하여 연결합니다.

❸ 이어서 [제어]-[10번 반복하기] 블록과 [동작]-[1초 동안 랜덤 위치로 이동하기] 블록을 코드 영역으로 드래그하여 연결한 후 반복 횟수를 '3'번으로 변경합니다.

쏙쏙! 코드 이해하기

펜을 내린 상태의 '거미'가 '3'번 반복하여 랜덤 위치로 이동하면 이동한 길에 거미줄이 그려져요.

❹ '거미'가 거미줄 그리기를 끝내도록 [펜]-[펜 올리기] 블록을 코드 영역으로 드래그하여 연결합니다.

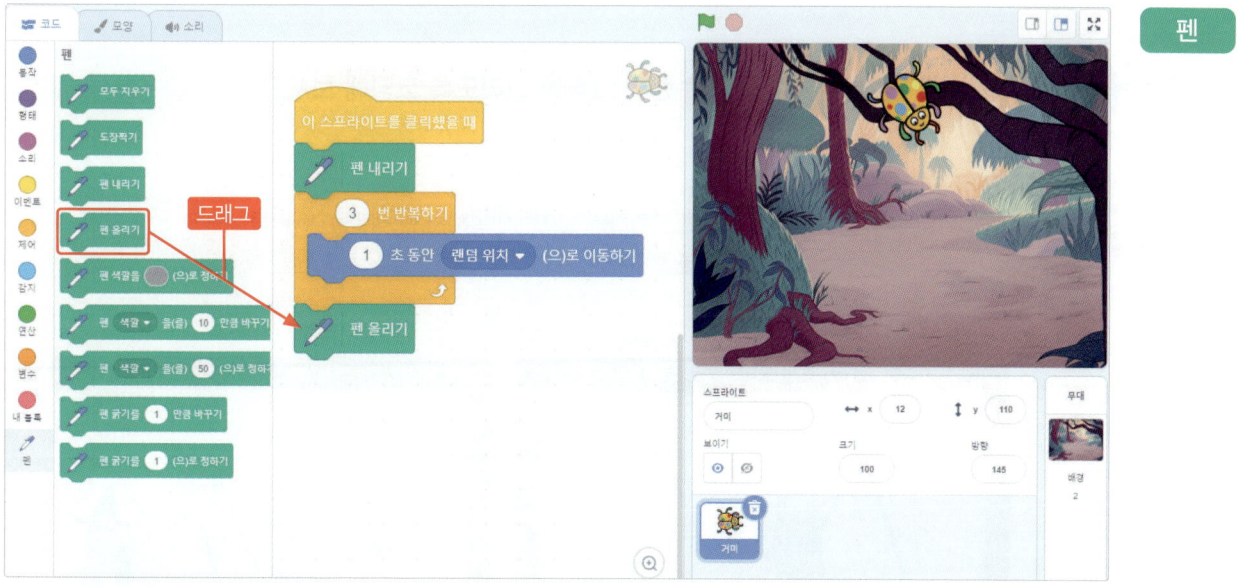

쏙쏙! 코드 이해하기

'3'번 거미줄을 그린 후 그림이 그려지지 않도록 펜을 올려요.

❺ 프로젝트가 완성되면 시작하기를 클릭한 후 거미를 클릭하여 거미줄을 그려 봅니다.

05 스스로 코딩

• 예제 파일 : 05강 예술 작품 그리기(예제).sb3   • 완성 파일 : 05강 예술 작품 그리기(완성).sb3

미션 1 예제 파일을 불러와 펜 기능과 'Wizard' 스프라이트를 추가해 보세요.

 Wizard
① [확장 기능 추가하기]를 클릭하여 [펜] 기능을 추가해요.
② [스프라이트 고르기]에서 [사람들]–'Wizard'를 선택해요.
③ 프로젝트가 시작되면 펜 굵기를 '5'로 정해요.

미션 2 'Wizard'가 알록달록한 색으로 랜덤 그림을 그리도록 코딩해 보세요.

 Wizard
① 'Wizard'를 클릭하면 '100'번 반복해서 펜 색깔을 '10'만큼 바꿔요.
② 'Wizard'를 클릭하면 '10'번 반복하여 랜덤 위치에 선을 그려요.

| 힌트 | • 펜 색깔을 바꿀 때 '0.2'초 기다리도록 설정해요.
• 펜을 내린 후 랜덤 위치로 이동하고, 반복을 마친 후 펜을 올려요.

06 밤하늘 반짝이는 별

학습목표
- 스프라이트의 크기를 난수로 설정하도록 코딩해요.
- 스테이지에서 스프라이트가 보였다 사라지도록 코딩해요.
- 스프라이트를 여러개로 복사할 수 있어요.

별들이 수놓은 밤하늘 아래 고양이 두 마리가 위를 올려다 보고 있어요. 별은 크고 작은 크기로 나타났다 사라지며 반짝거려요. 별을 만들어 여기저기 뿌려주며 밤하늘에 반짝이는 별들을 표현해 볼까요?

• 예제 파일 : 06강 반짝이는 별(예제).sb3   • 완성 파일 : 06강 반짝이는 별(완성).sb3

주요 블록

1 다양한 별 반짝이기

별의 크기를 랜덤으로 설정하고 일정한 간격으로 반짝이도록 설정해 보세요.

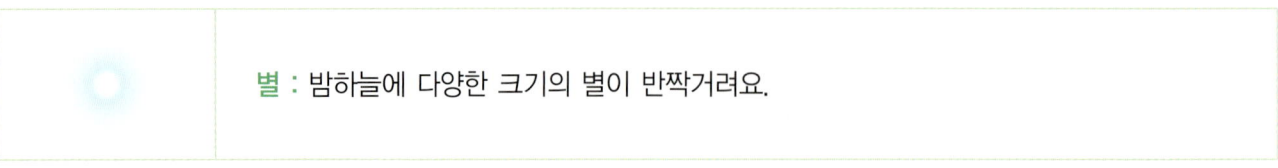

별 : 밤하늘에 다양한 크기의 별이 반짝거려요.

❶ '06강 반짝이는 별(예제).sb3' 파일을 불러온 후 프로젝트를 시작하면 '10'번을 반복하여 '별'의 크기를 정하도록 그림과 같이 코드를 완성합니다.

이벤트 제어 형태

❷ '별'의 크기가 '5'부터 '20'사이 숫자 중 랜덤으로 정하도록 그림과 같이 코드를 완성합니다.

연산

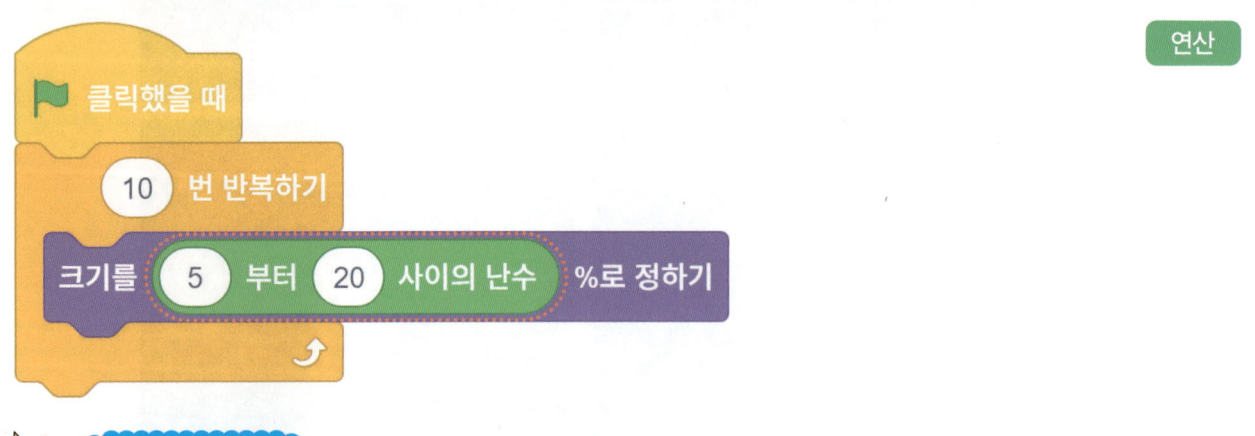

 쏙쏙! 코드 이해하기

 1 부터 10 사이의 난수 블록은 첫 번째 입력칸의 숫자부터 두 번째 입력칸의 숫자 사이에 있는 숫자를 랜덤으로 선택하는 블록이에요. 크기를 '5'부터 '20'사이로 지정하게 되면, '6'이나 '13'같은 범위 안의 숫자로 정해지게 돼요.

❸ '별'이 스테이지에서 '1'초 동안 모습을 보이지 않도록 그림과 같이 코드를 완성합니다.

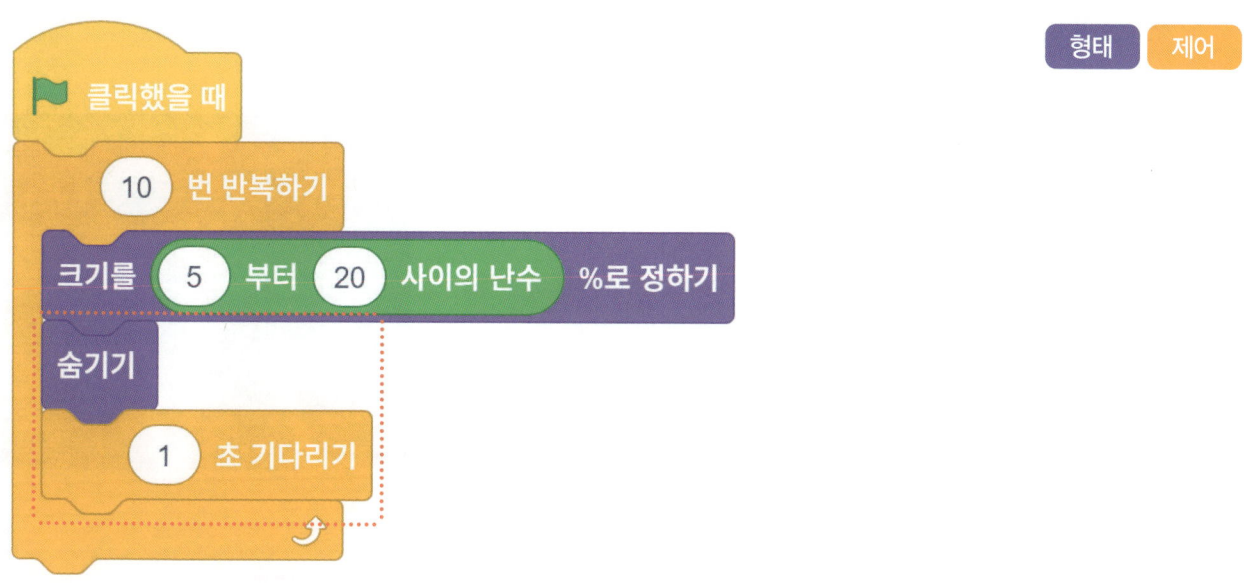

 **쏙쏙! 코드 이해하기**
숨기기 블록은 스프라이트가 스테이지에서 보이지 않게 하는 블록이에요. 스프라이트가 삭제된 것이 아니기 때문에 보이지 않아도 다른 명령을 수행할 수 있어요.

❹ 다시 '별'이 스테이지에서 '1'초 동안 보이도록 그림과 같이 코드를 완성합니다.

쏙쏙! 코드 이해하기
보이기 블록은 스프라이트가 숨겨져 있는 경우, 스테이지에 보이도록 설정하는 블록이에요.

❺ 스프라이트 영역에서 '별'을 선택한 후 마우스 오른쪽 버튼을 눌러 [복사]를 클릭합니다. 이어서 한번 더 '별'을 복사하여 '3'개로 만듭니다.

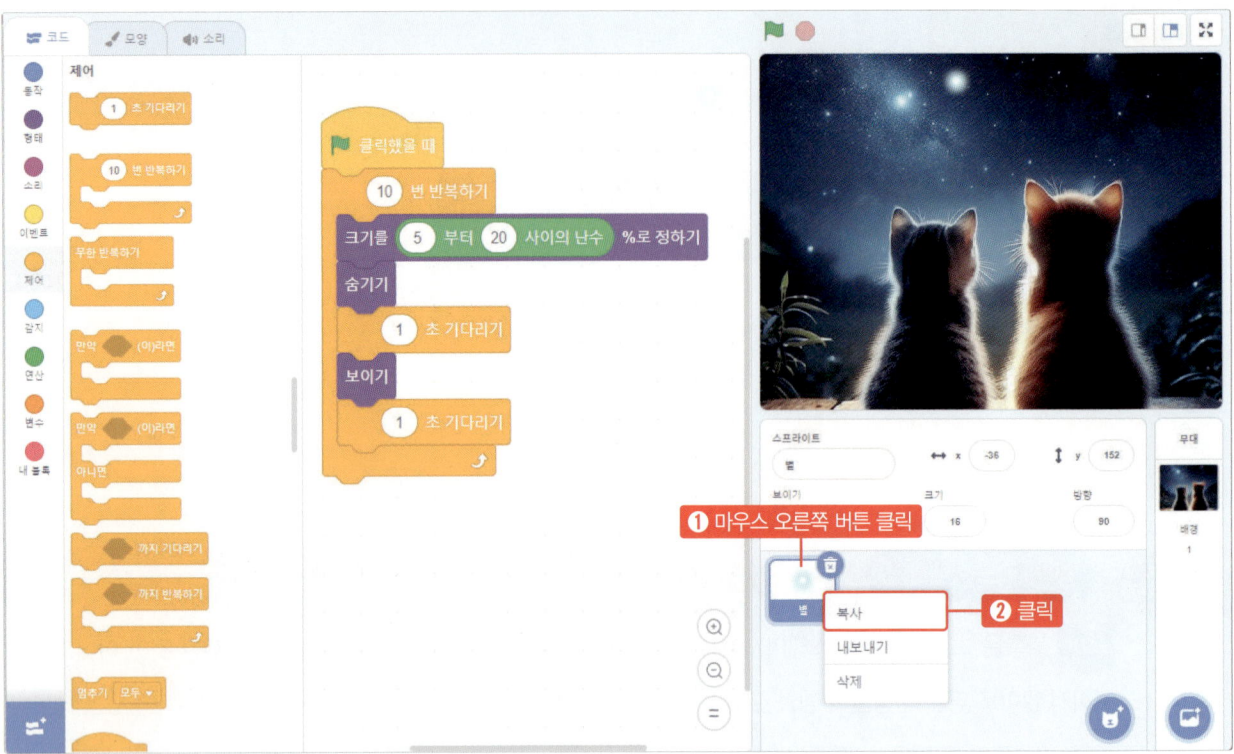

❻ 복사한 '별2'를 클릭한 후 '별1'과 반대로 반짝이도록 [보이기]와 [숨기기] 블록의 순서를 변경하여 그림과 같이 코드를 완성합니다.

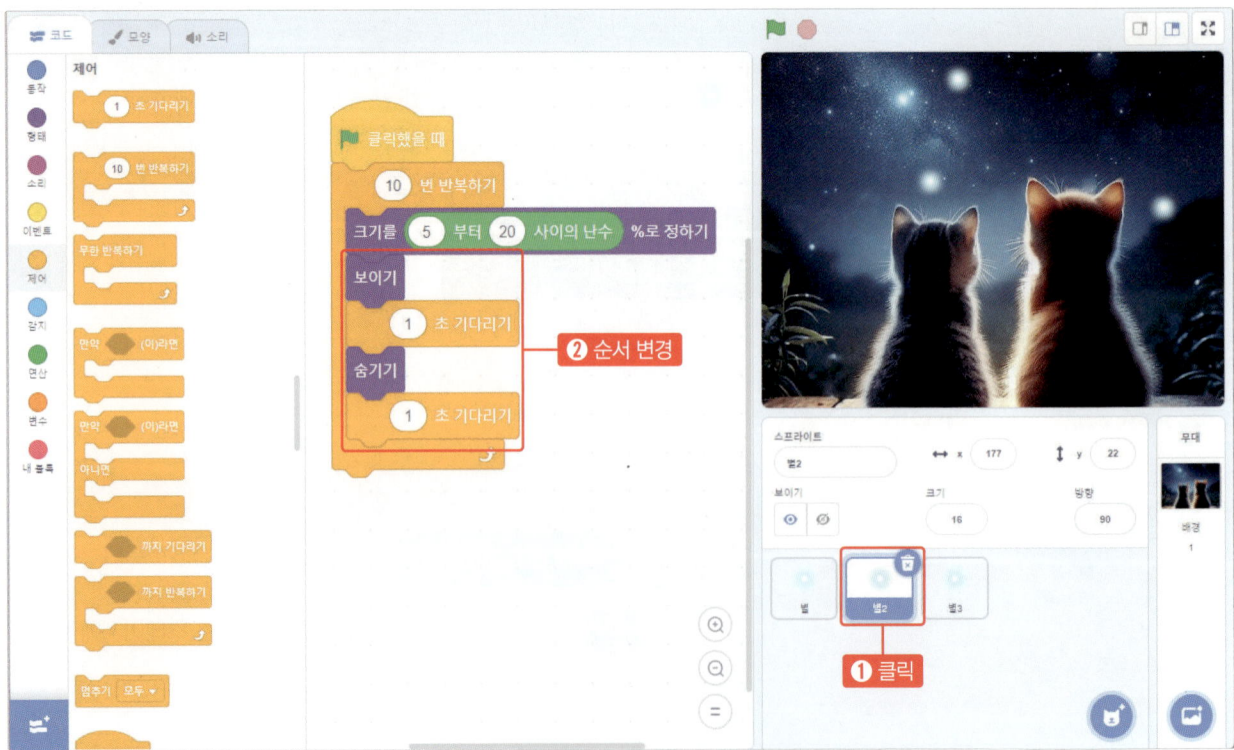

❼ '별3'을 클릭하고 '1.5'초 간격으로 별이 반짝일 수 있도록 시간을 변경하여 그림과 같이 코드를 완성합니다.

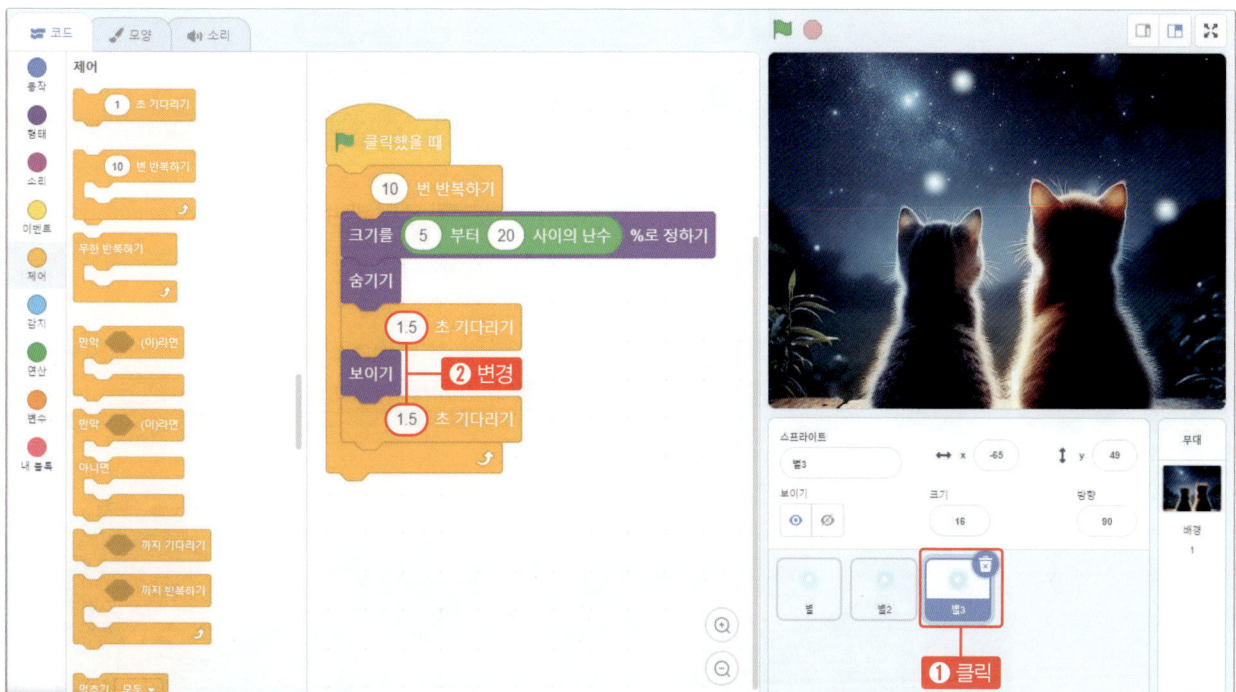

❽ 스프라이트 영역에서 '별', '별2', '별3'을 여러번 복사한 후 스테이지에서 드래그하여 위치를 자유롭게 지정합니다.

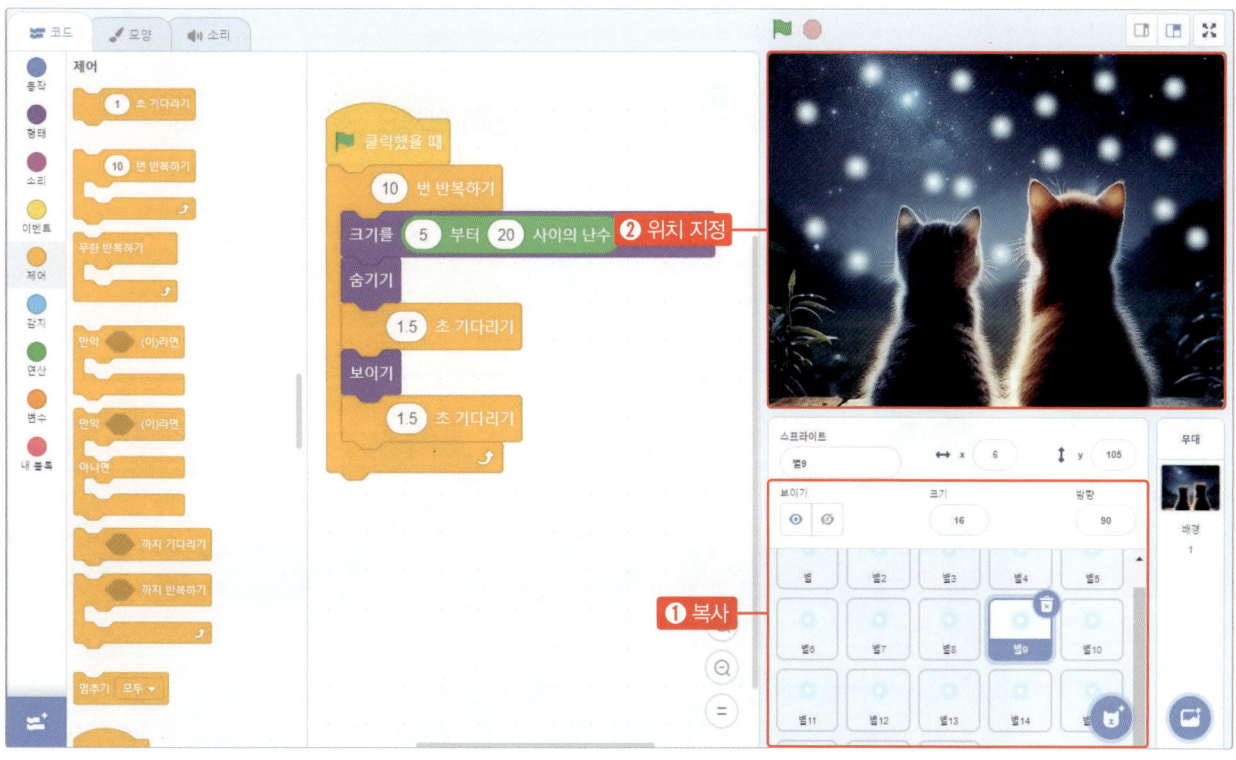

❾ 프로젝트가 완성되면 시작하기를 클릭하여 밤하늘 반짝이는 별들을 감상해 봅니다.

06 스스로 코딩

• 예제 파일 : 06강 연못에 개구리(예제).sb3   • 완성 파일 : 06강 연못에 개구리(완성).sb3

 예제 파일을 불러와 '개구리'가 나타났다 사라지도록 코딩해 보세요.

 | 개구리 | ① '개구리'의 크기는 '10'부터 '30'사이로 나타나요.
② '개구리'가 '1'초 동안 사라졌다 나타나요.

| 힌트 | '개구리'가 '10'번 나타났다 사라지도록 설정해요.

 '개구리'가 여러 마리 나타났다 사라지도록 코딩해 보세요.

| 개구리 | ① '개구리'를 여러 마리 만들어요.
② 여러 마리의 '개구리'가 다른 간격으로 나타났다 사라져요.

| 힌트 | '개구리'를 복사한 후 '개구리2'의 [숨기기]와 [보이기]블록의 순서를 변경해요.

07 토끼와 거북이

학습목표
- 스프라이트의 크기를 지정하도록 코딩해요.
- 스프라이트의 크기가 점점 커지도록 코딩해요.
- 스프라이트가 특정 텍스트를 말하도록 코딩해요.

오늘의 작품은? 숲 속 저 멀리 토끼와 거북이가 보여요. 멀리 있어서 작게 보이던 토끼와 거북이는 크기가 점점 커지면서 마치 가까이 온 것처럼 보여요. 토끼보다 조금 늦게 출발한 거북이는 뒤늦게 토끼를 따라잡았어요. 토끼와 거북이의 달리기를 감상해 볼까요?

• 예제 파일 : 07강 토끼와 거북이(예제).sb3   • 완성 파일 : 07강 토끼와 거북이(완성).sb3

주요 블록

1 달려오는 토끼 설정하기

토끼가 앞으로 달려와 말하도록 설정해 보세요.

 토끼 : 토끼가 숲 속 멀리서부터 앞으로 달려와요.

① '07강 토끼와 거북이(예제).sb3' 파일을 불러온 후 '토끼' 스프라이트를 선택하고 숲 속에 '토끼' 한 마리가 조그맣게 보이도록 그림과 같이 코드를 완성합니다.

이벤트　형태

 쏙쏙! 코드 이해하기

멀리 있으면 작게, 가까이 있으면 크게 보이는 것을 표현하기 위해 프로젝트를 시작하면 '토끼' 스프라이트의 크기를 작게 설정해요.

② '토끼'가 달리는 모습을 표현하도록 그림과 같이 코드를 완성합니다.

제어　형태

Tip

[모양]탭에 '토끼'가 달리는 모습이 있어요. 모양 바꾸기를 반복하여 달리는 모습을 표현할 수 있어요.

❸ '토끼'가 앞으로 다가오는 모습을 표현하기 위해 그림과 같이 코드를 완성합니다.

쏙쏙! 코드 이해하기

'0.1'초 간격으로 조금씩 크기를 변경하면 작았던 '토끼'가 점점 커져서 앞으로 다가오는것처럼 보여요.

❹ '토끼'가 "오~예! 도착!"이라고 말하도록 그림과 같이 코드를 완성합니다.

쏙쏙! 코드 이해하기

[60번 반복하기] 블록 명령을 수행한 후 말하기를 사용하여 '토끼'가 더이상 모양과 크기를 바꾸지 않고 말해요.

2 거북이 설정하기

거북이가 늦게 도착하는 모습을 설정해 보세요.

 거북이 : '토끼'보다 늦게 출발하여 천천히 달려와요.

❶ '거북이' 스프라이트를 클릭한 후 프로젝트가 시작되면 작은 크기로 '0.5'초를 기다리도록 그림과 같이 코딩을 완성합니다.

이벤트 형태 제어

 쏙쏙! 코드 이해하기

'토끼' 스프라이트보다 늦게 출발한 것처럼 표현하기 위해 '0.5'초를 기다려요.

❷ '거북이'가 달리는 모습을 표현하도록 그림과 같이 코드를 완성합니다.

제어 형태

❸ '거북이'가 점점 앞으로 다가오는 모습을 표현하기 위해 그림과 같이 코드를 완성합니다.

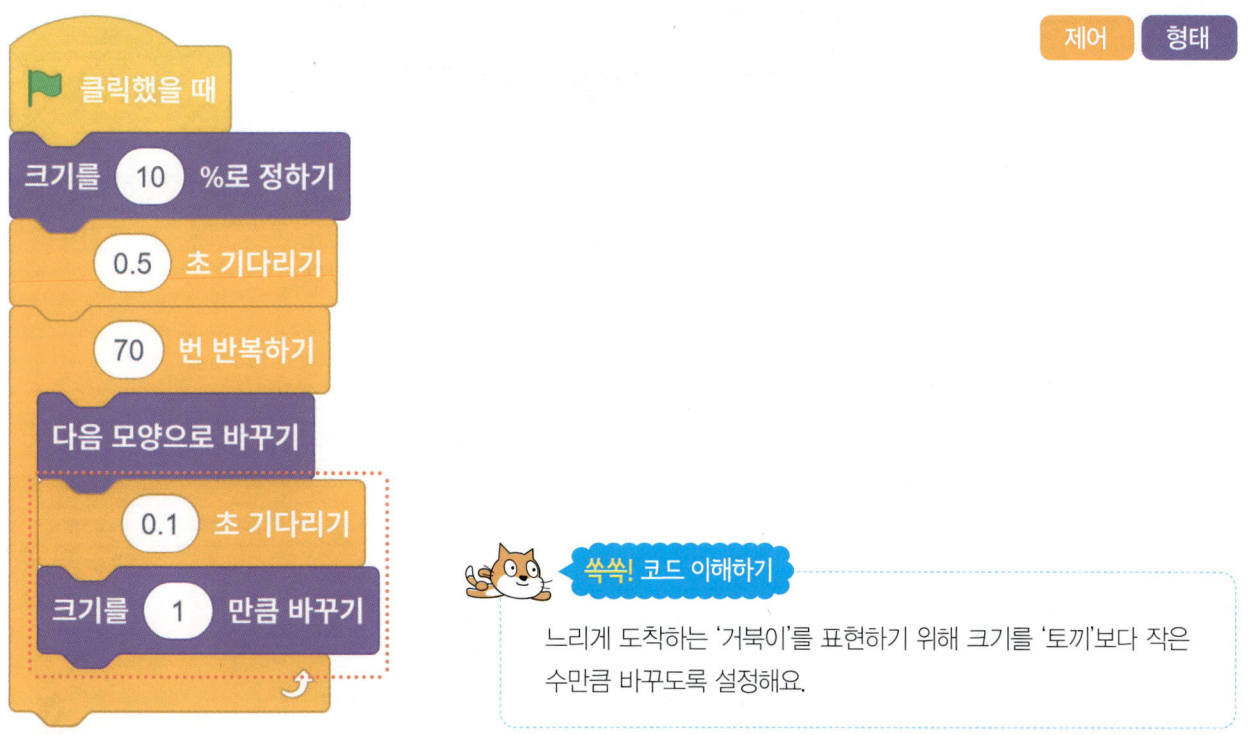

쏙쏙! 코드 이해하기

느리게 도착하는 '거북이'를 표현하기 위해 크기를 '토끼'보다 작은 수만큼 바꾸도록 설정해요.

❹ '거북이'가 "토끼야~~ 같이 가~~"라고 말하도록 그림과 같이 코드를 완성합니다.

❺ 프로젝트가 완성되면 시작하기를 클릭하고 토끼와 거북이를 감상해 봅니다.

07 스스로 코딩

• 예제 파일 : 07강 귀여운 강아지(예제).sb3   • 완성 파일 : 07강 귀여운 강아지(완성).sb3

미션 1 예제 파일을 불러와 '강아지'가 앞으로 다가오도록 코딩해 보세요.

 강아지
① 프로젝트를 시작하면 '강아지'의 크기를 '20'%로 설정해요.
② '강아지'의 모양을 '0.1'초 간격으로 변경해요.
③ '30'번 반복하여 크기를 '2'만큼 변경해요.

미션 2 '강아지'가 그림과 같이 말할 수 있도록 코딩해 보세요.

 강아지
① '강아지'가 다가오면서 반복하여 "멍멍"이라고 말해요.
② '강아지'가 도착한 후에 "같이 놀아요!"라고 말해요.

08 빙그르르 피젯 스피너

학습목표
- 스프라이트를 클릭했을 때 명령을 수행하도록 코딩해요.
- 난수를 사용하여 반복할 횟수를 정하도록 코딩해요.
- 적용된 그래픽 효과를 지우도록 코딩해요.

오늘의 작품은?

피젯 스피너는 가운데 원을 중심으로 빙글빙글 돌아가는 장난감을 말해요. 스테이지에 모양과 색깔이 다른 네 개의 피젯 스피너가 놓여있어요. 스피너를 클릭하면 각각 속도에 따라 회전하고, 알록달록한 색깔 효과가 나타나요.

• 예제 파일 : 08강 피젯 스피너(예제).sb3 • 완성 파일 : 08강 피젯 스피너(완성).sb3

주요 블록

이 스프라이트를 클릭했을 때    1 부터 10 사이의 난수    방향으로 15 도 돌기

1 피젯 스피너 돌리기

스피너를 클릭하면 스피너가 회전하도록 설정해 보세요.

 **스피너1** : 스피너를 클릭하면 빙글빙글 회전하며 색깔이 알록달록하게 변해요.

❶ '08강 피젯 스피너(예제).sb3' 파일을 불러온 후 '스피너1'를 클릭하면 '스피너1'이 랜덤만큼 명령을 실행하도록 그림과 같이 코드를 완성합니다.

`이벤트` `제어` `연산`

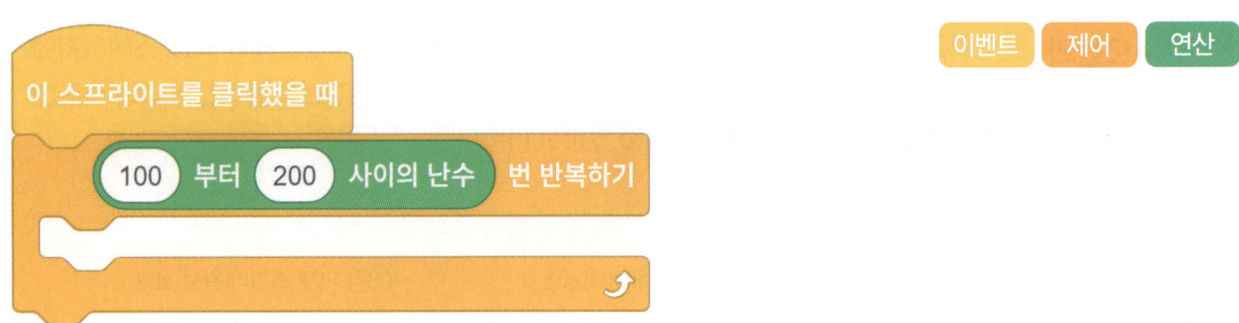

> **Tip**
> 먼저 [이 스프라이트를 클릭했을 때] 블록과 [10번 반복하기] 블록을 연결한 후 0번 자리에 [0부터 0사이의 난수] 블록을 끼워 넣어요.

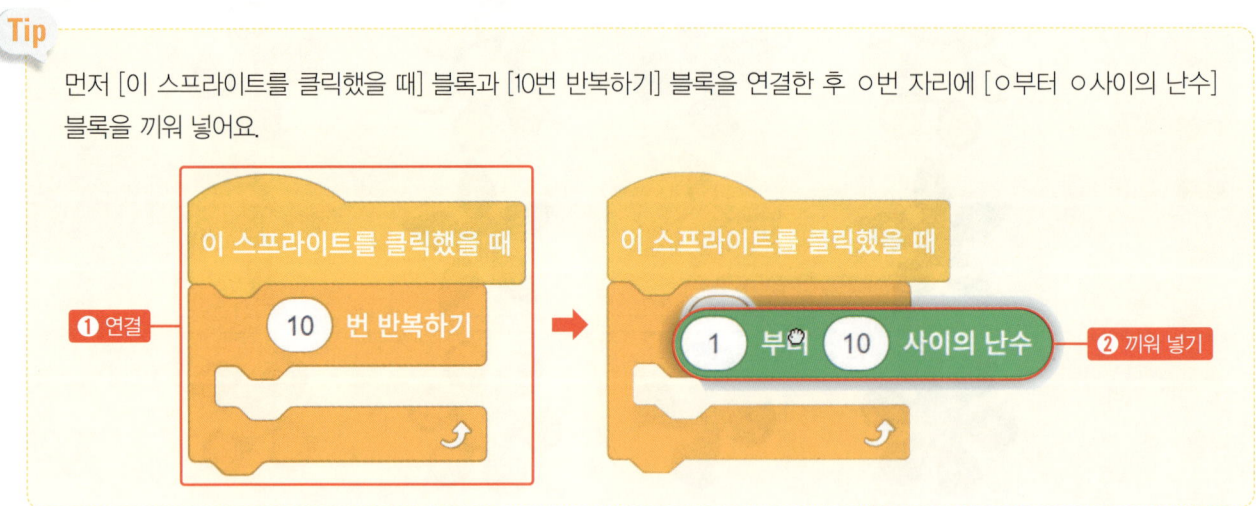

❷ '스피너1'의 회전하는 속도를 설정하기 위해 그림과 같이 코드를 완성합니다.

`동작`

쏙쏙! 코드 이해하기

회전하는 각도의 숫자를 크게 입력하면 스피너가 빠르게 돌아가요.

❸ '스피너1'이 회전할 때 색이 변경되도록 그림과 같이 코드를 완성합니다.

쏙쏙! 코드 이해하기

색깔 효과 값을 큰 수로 입력하면 빠르게, 작은 수로 입력하면 서서히 변해요.

❹ '스피너'가 회전을 멈추면 원래 색으로 돌아오도록 그림과 같이 코드를 완성합니다.

쏙쏙! 코드 이해하기

그래픽 효과 지우기 블록은 이전에 적용된 그래픽 효과를 지워주고 기존의 모양이 되어요.

❺ '스피너2', '스피너3', '스피너4'에도 '스피너1'과 같은 코드를 입력한 후 회전 각도와 색깔 효과 값을 다르게 설정해 봅니다.

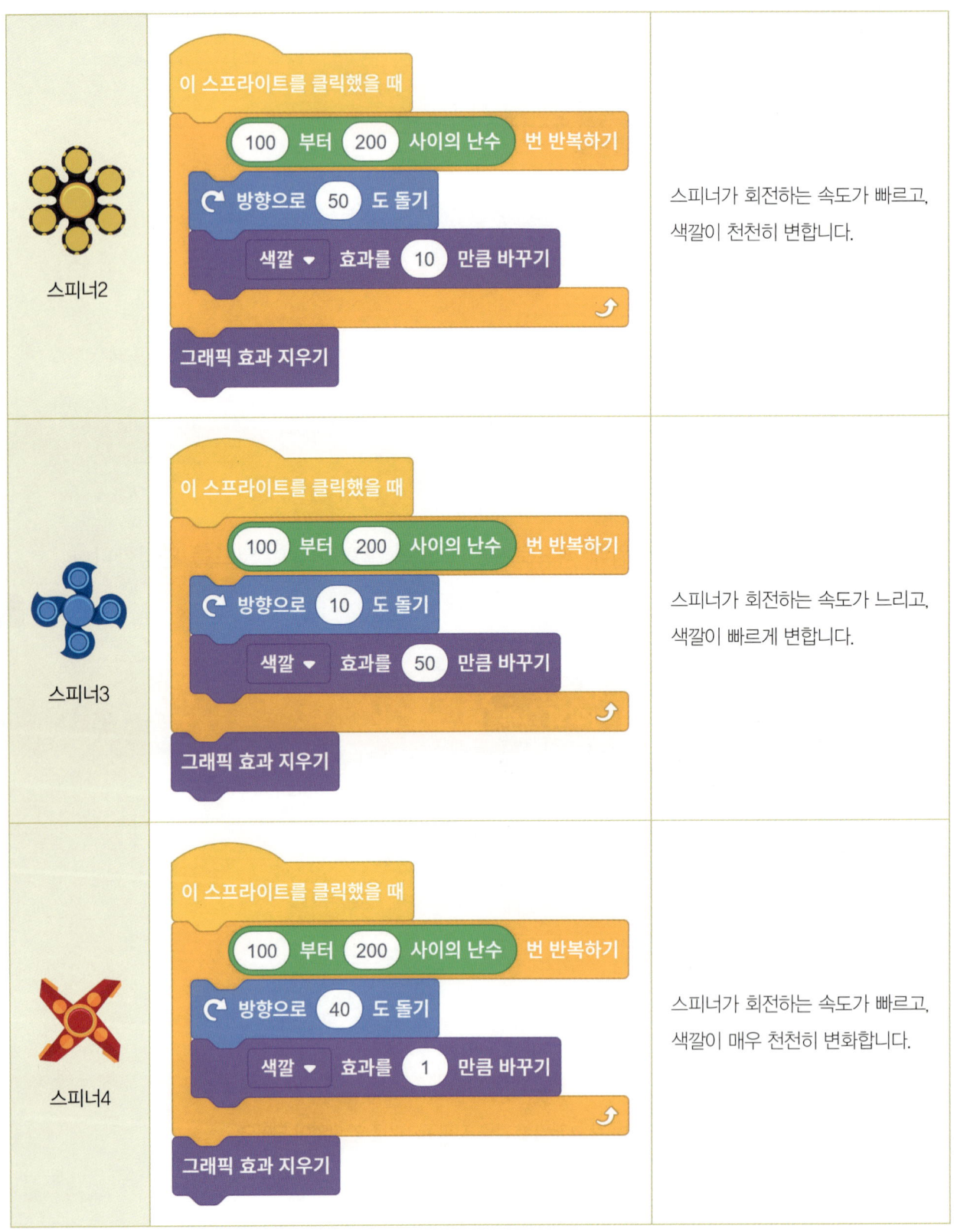

❻ 프로젝트가 완성되면 시작하기를 클릭하고 '스피너'들을 회전시켜 봅니다.

08 스스로 코딩

• 예제 파일 : 08강 로봇청소기(예제).sb3   • 완성 파일 : 08강 로봇청소기(완성).sb3

미션 1 예제 파일을 불러와 '로봇청소기'를 클릭하면 회전하도록 코딩해 보세요.

 로봇청소기   ① '로봇청소기'를 클릭하면 빙글빙글 회전해요.

| 힌트 | '로봇청소기'를 클릭하면 '300'부터 '500'번 반복하여 오른쪽으로 '15'도 돌아요.

미션 2 회전하는 '로봇청소기'가 랜덤 위치로 이동하도록 코딩해 보세요.

 로봇청소기   ① '로봇청소기'를 클릭하면 랜덤 위치로 이동해요.

| 힌트 | • '로봇청소기'를 클릭하면 '7'번 반복하여 '1'초 동안 랜덤 위치로 이동해요.
         • 랜덤 위치로 이동할 때, '0.5'초 간격을 설정해요.

09 보물 카드를 찾아라

학습목표
- 스프라이트를 클릭하면 맨 앞쪽으로 위치하도록 코딩해요.
- 스테이지의 중앙으로 이동하도록 코딩해요.
- 스프라이트들의 모든 코드를 멈추도록 코딩해요.

여러 장의 뒤집힌 카드 중 단 한 장인 보물 상자 카드를 찾으려고 해요. 카드들은 뒤집힌 상태로 랜덤 위치에 다양한 방향으로 놓여있어요. 카드를 클릭하면 앞면 모양으로 바뀌고 그 중 보물 상자 카드를 클릭하면 카드가 회전하며 점점 커져요. 카드 더미들 속의 하나뿐인 보물 상자 카드를 찾아볼까요?

• 예제 파일 : 09강 보물 카드 찾기(예제).sb3   • 완성 파일 : 09강 보물 카드 찾기(완성).sb3

주요 블록

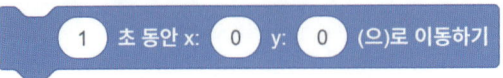 

1 뒤집힌 카드 설정하기

뒤집힌 카드가 랜덤 위치에서 나타나도록 설정해 보세요.

 상자 카드1 : 프로그램이 실행되면 뒤집힌 상자 카드가 흩어져요.

❶ '09강 보물 카드 찾기(예제).sb3' 파일을 불러온 후 프로젝트를 실행하면 '상자 카드1'이 뒷면을 보이며 랜덤 위치에 나타나도록 그림과 같이 코드를 완성합니다.

 쏙쏙! 코드 이해하기

[모양] 탭에 '카드 뒷면'과 '카드 앞면' 두 가지 모양이 준비되어 있어요. 프로젝트를 실행하면 카드가 뒤집어진 채 있도록 '카드 뒷면'으로 지정합니다.

❷ 카드가 랜덤 방향으로 회전하도록 그림과 같이 코드를 완성합니다.

 쏙쏙! 코드 이해하기

프로젝트를 완성하면 여러장의 카드들이 어지럽게 섞여있는 모습을 표현할 수 있어요.

2 상자 카드 뒤집기

상자 카드를 클릭하면 카드의 앞면을 보여주도록 설정해 보세요.

 상자 카드1 : 상자 카드를 클릭하면 카드 앞면을 확인할 수 있어요.

❶ '상자 카드1'을 클릭하면 클릭한 '상자 카드'가 다른 카드 위에 나타나도록 그림과 같이 코드를 완성합니다.

❷ '카드 앞면'으로 모양을 바꿔 카드가 뒤집힌 것처럼 표현하도록 그림과 같이 코드를 완성합니다.

❸ 스프라이트 영역에서 '상자 카드1'를 선택하고 마우스 오른쪽 버튼을 눌러 '복사'를 클릭하여 '상자 카드1' 스프라이트를 10개까지 복사합니다.

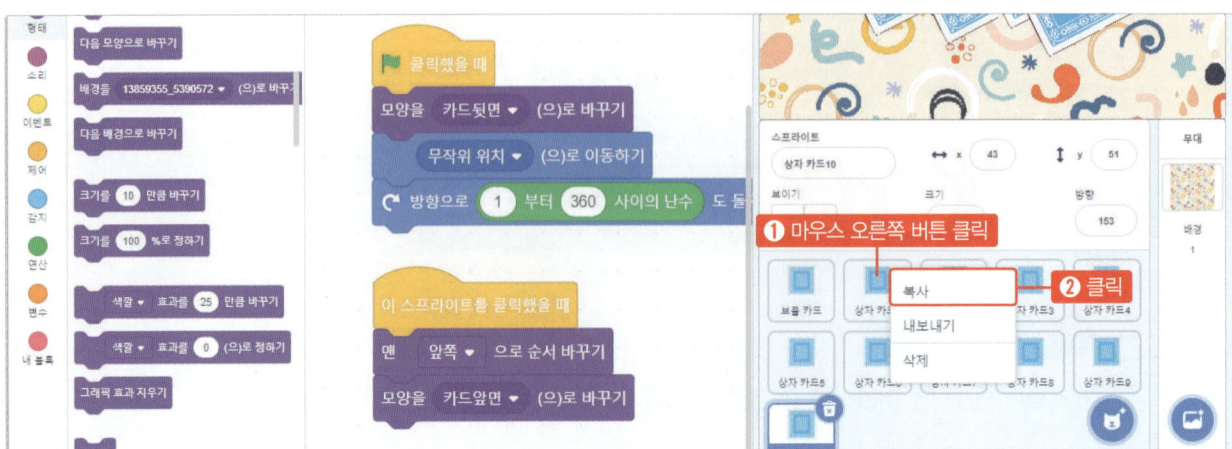

3 보물 카드 뒤집기

보물 카드를 클릭하면 카드가 점점 커진 후 프로젝트가 종료되도록 설정해 보세요.

 보물 카드 : 랜덤 위치의 카드를 클릭하면 회전하며 점점 커진 후 프로젝트가 종료돼요.

① 프로젝트가 시작되면 '보물 카드'가 정해진 크기대로 뒷면을 보이며 랜덤 위치에 나타나도록 그림과 같이 코드를 완성합니다.

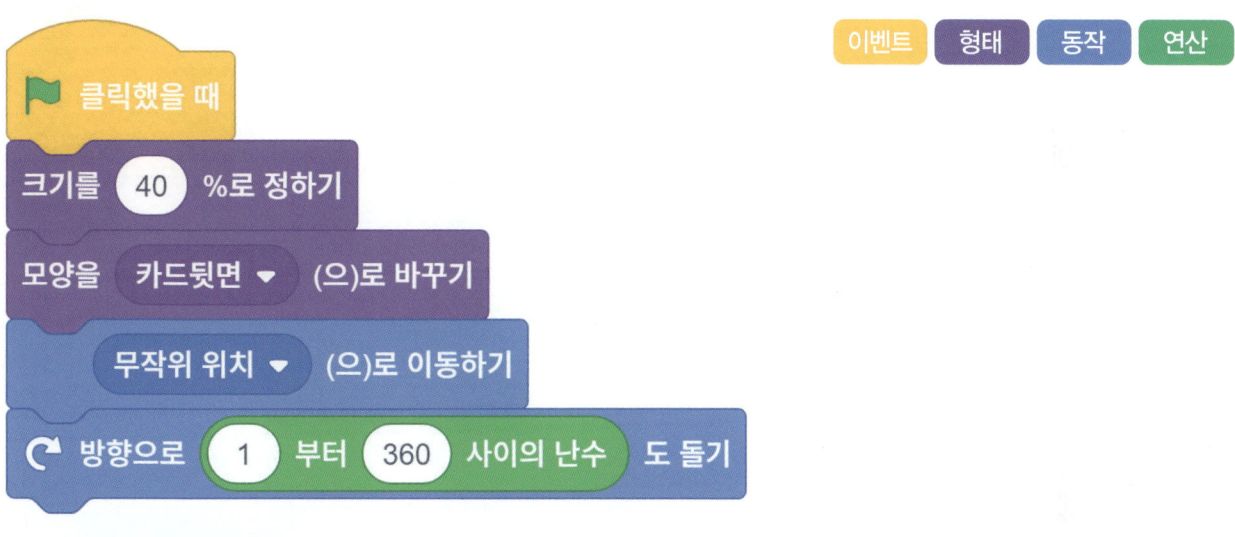

 쏙쏙! 코드 이해하기

'보물 카드'를 클릭하면 크기가 커지도록 코딩하므로, 프로젝트를 시작할 때 원래 크기로 돌아가도록 크기를 설정해요.

② '보물 카드'를 클릭하면 다른 카드보다 앞에 나타나서 보물 상자가 그려진 모양을 보이도록 그림과 같이 코드를 완성합니다.

쏙쏙! 코드 이해하기

'보물 카드'를 찾아 클릭하면 보물 상자가 그려진 앞면이 나타나요.

❸ '보물 카드'가 '0.1'초 동안 스테이지 중앙(x: '0', y: '0')으로 이동하도록 그림과 같이 코드를 완성합니다.

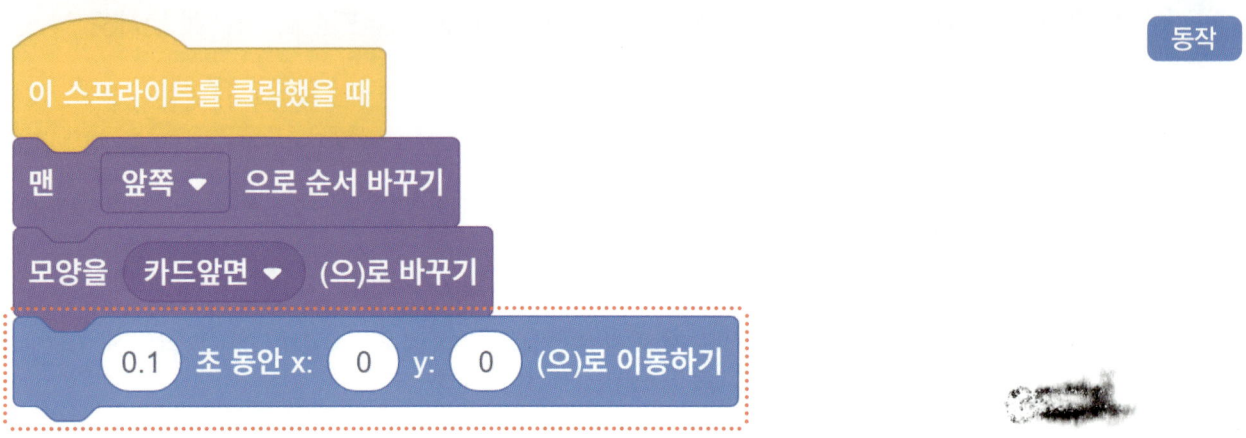

❹ '보물 카드'가 회전하며 점점 커지도록 그림과 같이 코드를 완성합니다.

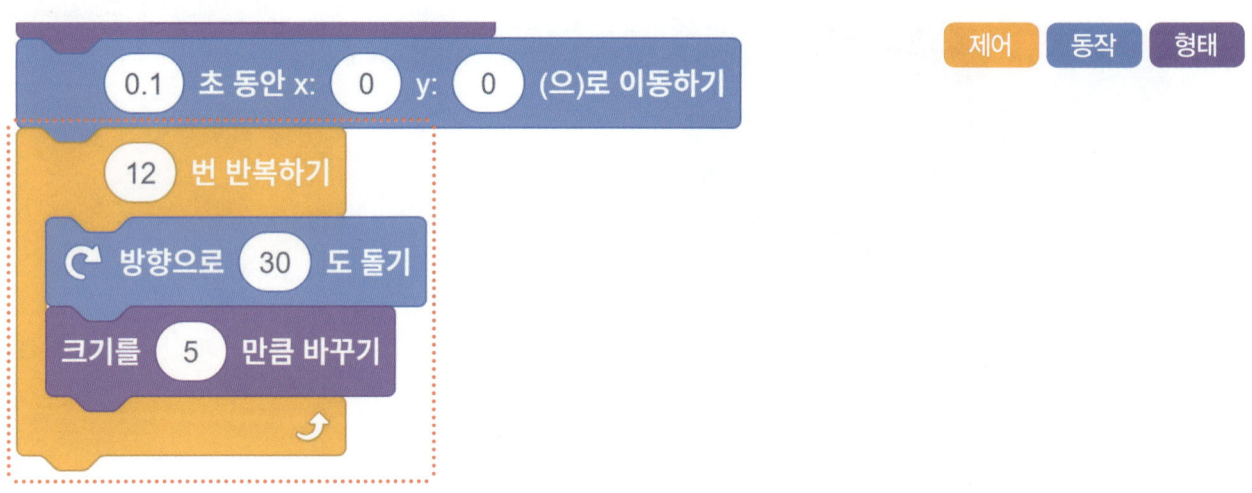

❺ '보물 카드'가 점점 커진 후 프로젝트를 멈추도록 그림과 같이 코드를 완성합니다.

쏙쏙! 코드 이해하기

멈추기 모두 블록은 프로젝트의 모든 코드를 멈추도록 하는 코드예요. 보물 카드가 회전한 후 프로젝트를 종료해요.

❻ 프로젝트가 완성되면 시작하기를 클릭하여 뒤집힌 카드 속에서 보물 카드를 찾아봅니다.

09 스스로 코딩

• 예제 파일 : 09강 숨은 유령 잡기(예제).sb3 • 완성 파일 : 09강 숨은 유령 잡기(완성).sb3

 예제 파일을 불러와 '마녀'를 클릭하면 모습이 보이도록 코딩해 보세요.

 마녀
① 프로젝트를 실행하면 '마녀 그림자'가 하늘을 날아다녀요.
② '마녀'를 클릭하면 맨 앞쪽으로 이동해요.
③ '마녀'를 클릭하면 '마녀' 모양으로 나타나요.
④ '마녀' 스프라이트를 복사하여 여러 명의 '마녀'를 만들어요.

| 힌트 | 프로젝트를 실행하면 '30'번 반복하여 '1'초 동안 랜덤 위치로 이동하도록 설정해요.

 '유령'을 클릭하면 마녀 그림자에서 유령으로 바뀌도록 코딩해 보세요.

유령
① 프로젝트를 실행하면 '마녀 그림자' 모습으로 날아다녀요.
② '유령'을 클릭하면 '유령' 모양으로 바뀌어요.
③ '유령'을 찾으면 '유령'이 스테이지 중앙으로 이동하여 크기가 커져요.

| 힌트 | • 프로젝트를 실행하면 '유령'의 크기를 '100'%로 정해요.
• '유령'의 크기를 '300'% 커지도록 설정해요.

10 날아라 우주선

학습목표
- 배경이 아래쪽으로 이동하도록 코딩해요.
- 횟수를 제한하지 않고 계속해서 명령을 수행하는 블록을 사용해요.
- 스프라이트가 마우스 포인터를 따라 이동하도록 코딩해요.

오늘의 작품은?

프로젝트를 시작하면 땅에 있던 우주선이 위쪽을 바라보며 하늘로 날아가요. 불꽃을 뿜으며 하늘 위에 도착하면 마우스 포인터를 따라 움직일 수 있어요. 날아오른 우주선을 마음대로 이리저리 움직여 볼까요?

· 예제 파일 : 10강 날아라 우주선(예제).sb3   · 완성 파일 : 10강 날아라 우주선(완성).sb3

주요 블록

1 배경 이동하기

배경이 이동하며 위쪽으로 올라가는 느낌을 표현해 보세요.

 하늘 : 점점 하늘 위로 올라가요.

① '10강 날아라 우주선(예제).sb3' 파일을 불러온 후 '하늘'을 선택합니다. 프로젝트를 시작했을 때 특정 위치(x: '0', y: '176')에서 시작하도록 그림과 같이 코드를 완성합니다.

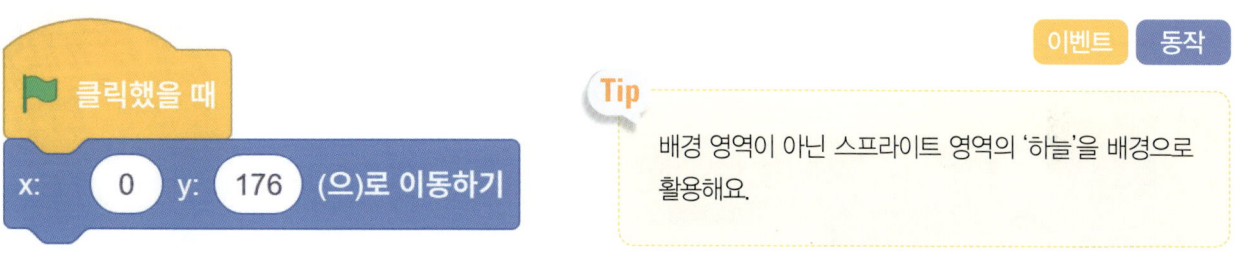

Tip
배경 영역이 아닌 스프라이트 영역의 '하늘'을 배경으로 활용해요.

② '하늘'이 아래쪽으로 움직이도록 그림과 같이 코드를 완성합니다.

 쏙쏙! 코드 이해하기

[0 만큼 움직이기] 블록은 스프라이트 방향에 따라 해당 숫자만큼 좌표를 움직이는 블록으로, '-(마이너스)' 숫자는 방향의 반대를 의미해요. '하늘' 스프라이트는 방향이 '0'도여서 위를 향해 있지만 '-2'를 입력하여 방향의 반대인 아래쪽으로 이동해요.

2 비행 모습 표현하기

'우주선'이 위쪽을 바라보며 비행하는 모습을 표현해 보세요.

 우주선 : 우주선이 위쪽을 향해 날아가요.

❶ '우주선'을 선택한 후 프로젝트를 시작했을 때 '우주선'이 처음 위치에서 위쪽을 보도록 그림과 같이 코드를 완성합니다.

이벤트   동작

 쏙쏙! 코드 이해하기

'우주선'이 위쪽을 바라보고 날아갈 수 있도록 방향을 '0'도(위쪽)로 설정해요.

❷ '우주선'의 비행하는 모습이 표현되도록 그림과 같이 코드를 완성합니다.

제어   형태

쏙쏙! 코드 이해하기

[무한 반복하기] 블록을 사용하여 프로젝트를 종료하기 전까지 계속해서 모양을 바꾸며 비행하는 모습을 표현할 수 있어요.

3 우주선 이동 설정하기

'우주선'이 일정 시간 후 마우스 포인터를 따라 이동하도록 설정해 보세요.

 우주선 : 하늘 높이 올라간 '우주선'이 마우스 포인터를 따라 이동해요.

❶ '우주선'이 하늘 위쪽으로 도착할 때까지 기다리도록 그림과 같이 코드를 완성합니다.

이벤트 제어

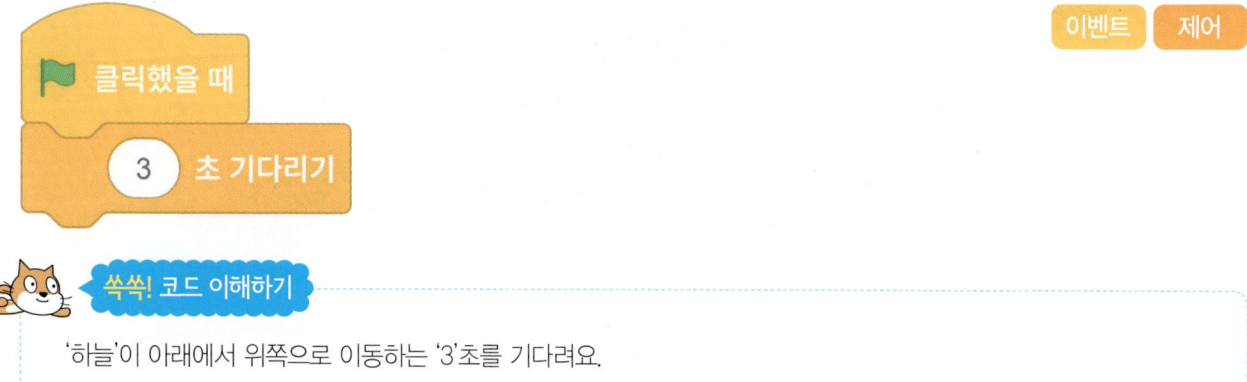

쓱쓱! 코드 이해하기
'하늘'이 아래에서 위쪽으로 이동하는 '3'초를 기다려요.

❷ '우주선'이 계속 마우스 포인터쪽을 보고 움직이도록 그림과 같이 코드를 완성합니다.

제어 동작

쓱쓱! 코드 이해하기
'마우스 포인터' 쪽을 바라본 후 '5'만큼 움직이면 마우스 포인터를 따라 움직이는 모습을 표현할 수 있어요.

❸ 프로젝트가 완성되면 시작하기를 클릭하여 하늘 높이 날아간 '우주선'을 마우스로 움직여 봅니다.

10 스스로 코딩

• 예제 파일 : 10강 고양이 피하기(예제).sb3   • 완성 파일 : 10강 고양이 피하기(완성).sb3

미션 1 예제 파일을 불러와 '쥐'가 마우스 포인터 쪽으로 이동하도록 코딩해 보세요.

 쥐   ① '쥐'가 마우스 포인터쪽을 바라봐요.
② '쥐'가 해당 방향으로 이동해요.

미션 2 '고양이'가 '쥐'를 따라 이동하도록 코딩해 보세요.

 고양이   ① '고양이'가 '쥐' 쪽을 바라봐요.
② '고양이'가 해당 방향으로 이동해요.

| 힌트 | '고양이'가 '쥐'쪽을 바라보며 '2'만큼 움직여요.

11 바닷속 열대어들

학습목표
- 스프라이트가 스테이지 벽에 부딪히면 팅기도록 코딩해요.
- 스프라이트의 회전방식을 정하도록 코딩해요.
- 스프라이트를 클릭하면 크기가 커지도록 코딩해요.

오늘의 작품은?

푸른 바닷속 열대어들이 헤엄치고 있어요. 열대어는 스테이지를 벗어나지 않고 이리저리 방향을 바꾸며 헤엄쳐요. 열대어를 클릭하면 크기가 커지며 '도망치자!'라고 말하고 방향을 바꿔요. 알록달록한 열대어들을 클릭하며 크기를 키워요.

• 예제 파일 : 11강 바닷속 열대어들(예제).sb3   • 완성 파일 : 11강 바닷속 열대어들(완성).sb3

주요 블록

`벽에 닿으면 튕기기`   `방향으로 15 도 돌기`   `회전 방식을 왼쪽-오른쪽 (으)로 정하기`   `이 스프라이트를 클릭했을 때`

1 열대어 헤엄치기

열대어가 바닷속을 자유롭게 헤엄치도록 설정해 보세요.

 열대어 : 열대어가 바닷속을 자유롭게 헤엄쳐요.

❶ '11강 바닷속 열대어들(예제).sb3' 파일을 불러온 후 '열대어'를 선택합니다. 프로젝트를 시작할 때 '열대어' 크기를 정하고 헤엄치는 방향이 랜덤으로 설정되도록 그림과 같이 코드를 완성합니다.

형태 이벤트 동작 연산

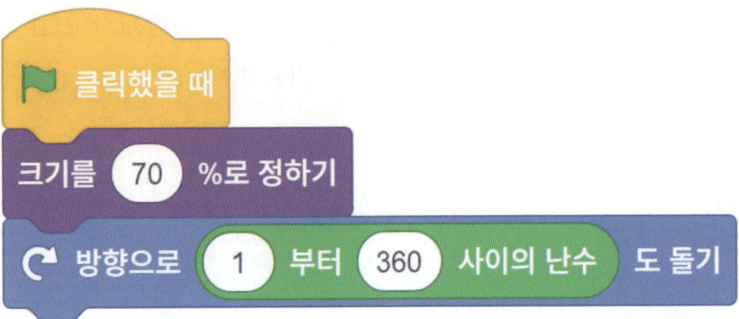

❷ '열대어'의 모양이 뒤집히지 않고 헤엄칠 수 있도록 그림과 같이 코드를 완성합니다.

동작

 쏙쏙! 코드 이해하기

회전 방식을 '왼쪽-오른쪽'으로 정했을 때	회전 방식을 '회전하기'로 정했을 때

068 _ 꿀꺽코딩 스크래치3.0 스타터

❸ '열대어'가 설정된 방향으로 계속 이동하도록 그림과 같이 코드를 완성합니다.

Tip [○ 만큼 움직이기] 블록의 숫자를 높게 입력하면 더 빠르게 움직이는 '열대어'를 볼 수 있어요.

❹ '열대어'가 이동하다 스테이지의 벽에 닿으면 이동 방향을 변경하도록 그림과 같이 코드를 완성합니다.

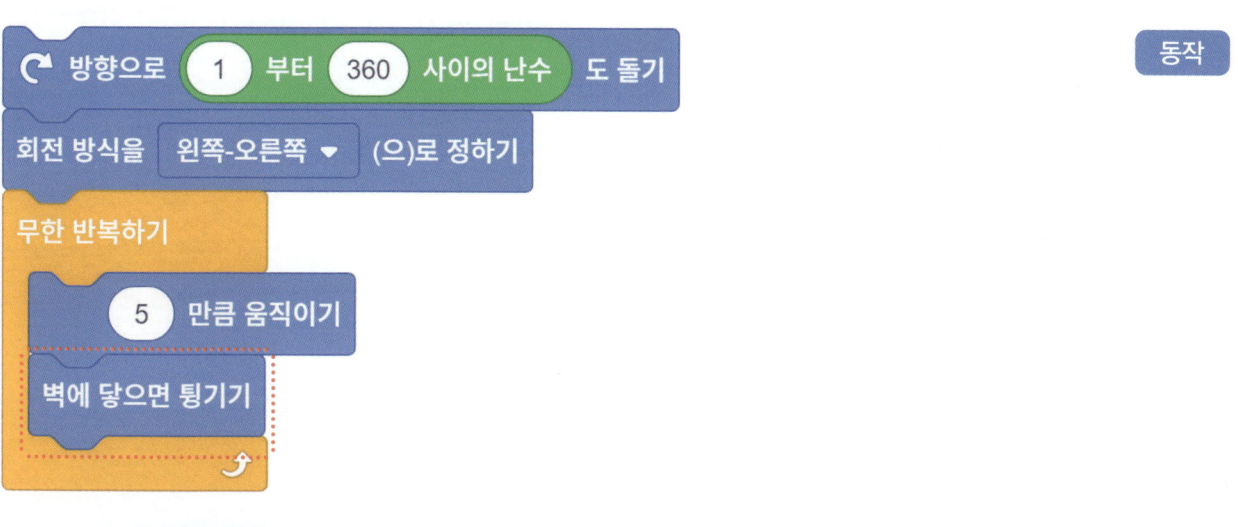

쏙쏙! 코드 이해하기

[벽에 닿으면 튕기기]를 사용하면 스테이지 안에서만 이동하도록 설정할 수 있어요.

▲ '왼쪽' 방향으로 이동 중　　▲ 벽에 닿으면 튕길 때　　▲ 사용하지 않을 때

2 열대어 클릭하기

'열대어'를 클릭하면 크기가 커지고 도망치도록 설정해 보세요.

 열대어 : 클릭하면 크기가 커지고 '도망치자!'를 말하고 도망쳐요.

❶ '열대어'를 클릭했을 때 크기가 조금씩 커지도록 그림과 같이 코드를 완성합니다.

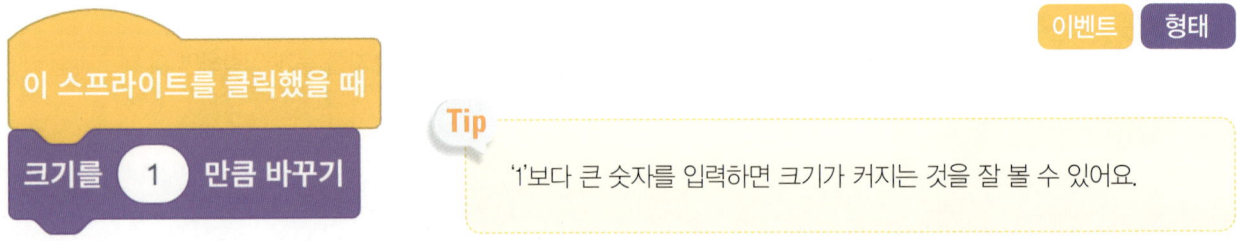

Tip '1'보다 큰 숫자를 입력하면 크기가 커지는 것을 잘 볼 수 있어요.

❷ '열대어'가 '도망치자!'를 '2'초 동안 말하도록 그림과 같이 코드를 완성합니다.

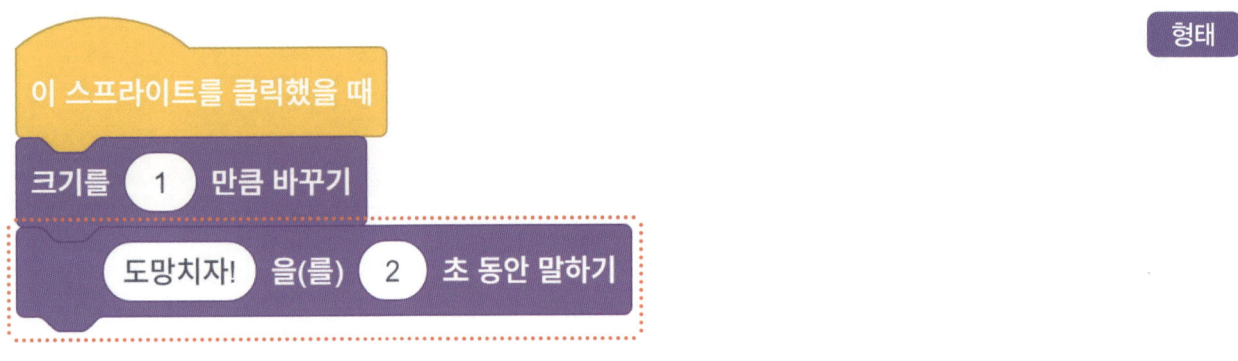

❸ '열대어'가 이동 방향을 랜덤으로 바꾸도록 그림과 같이 코드를 완성합니다.

쏙쏙! 코드 이해하기
헤엄치던 방향을 랜덤으로 바꾸어 도망치는 모습을 표현해요.

3 다양한 열대어 만들기

열대어를 복사하여 다양한 열대어들을 만들어 보세요.

 열대어 : 다양한 '열대어'가 바닷속을 헤엄쳐요.

❶ 스프라이트 영역에서 '열대어'를 선택한 후 마우스 오른쪽 버튼을 눌러 '복사'를 클릭합니다. 복사한 열대어를 선택한 후 [모양] 탭에서 모양을 변경합니다.

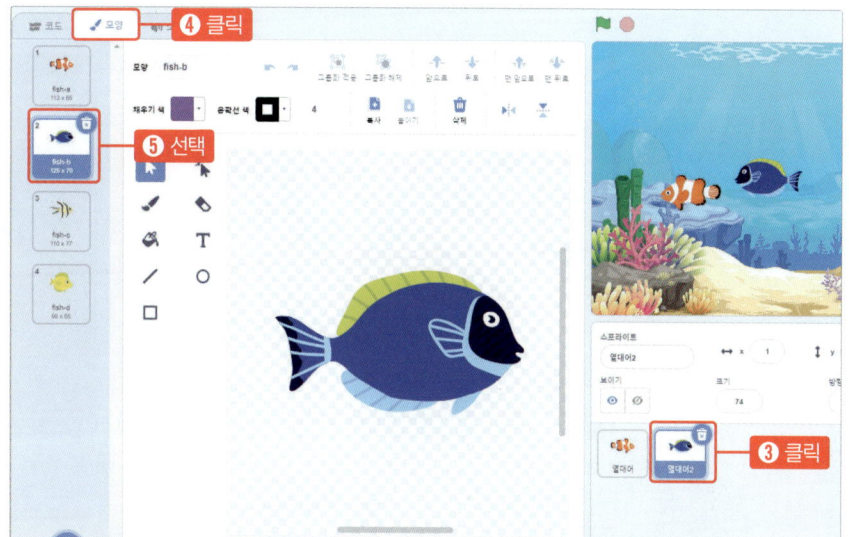

❷ ❶과 같은 방법으로 '열대어'를 여러 마리로 복사하고 각각 모양을 변경합니다.

❸ 프로젝트가 완성되면 시작하기를 클릭하여 바닷속에 헤엄치는 '열대어'들을 키워 봅니다.

11 스스로 코딩

• 예제 파일 : 11강 아기랑 놀아요(예제).sb3   • 완성 파일 : 11강 아기랑 놀아요(완성).sb3

미션 1 예제파일을 불러와 '아기'가 마우스 포인터를 따라 움직이도록 코딩해 보세요.

 아기
① '아기'의 회전 방식을 '왼쪽-오른쪽'으로 설정해요.
② '아기'가 마우스 포인터 쪽을 바라보고 움직여요.

| 힌트 | '아기'가 계속 반복해서 마우스 포인터 쪽을 보고 '3'만큼 움직여요.

미션 2 '아기'를 클릭하면 모양이 바뀌도록 코딩해 보세요.

 아기
① '아기'를 클릭하면 '아기'가 자전거에서 내려요.
② '아기'를 다시 클릭하면 '아기'가 자전거를 타요.

12 돼지를 구해줘!

학습목표
- 좌표를 이해하고 스프라이트가 랜덤 좌표에 위치하도록 코딩해요.
- 방향에 따라 입력한 수만큼 이동하도록 코딩해요.
- 스프라이트를 클릭하면 모양을 바꾸도록 코딩해요.

오늘의 작품은?

네모 네모 숲에 사는 돼지가 풍선에 묶여 날아가고 있어요. 여기 저기 떠오르는 풍선에 묶인 돼지를 발견하면 클릭하고 돼지를 떨어뜨려요. 숲 속에 사는 다양한 크기의 돼지들이 떠오를 테니, 돼지들이 다 날아가기 전에 풍선을 터트려 보세요.

· 예제 파일 : 12강 돼지 구하기(예제).sb3   · 완성 파일 : 12강 돼지 구하기(완성).sb3

주요 블록

1 좌표 이해하기

스테이지의 위치를 뜻하는 좌표를 이해해 봐요.

① 좌표란?

스테이지에서 스프라이트의 위치를 표현할 때, 가로(x)와 세로(y)를 숫자로 표현하는 것입니다.

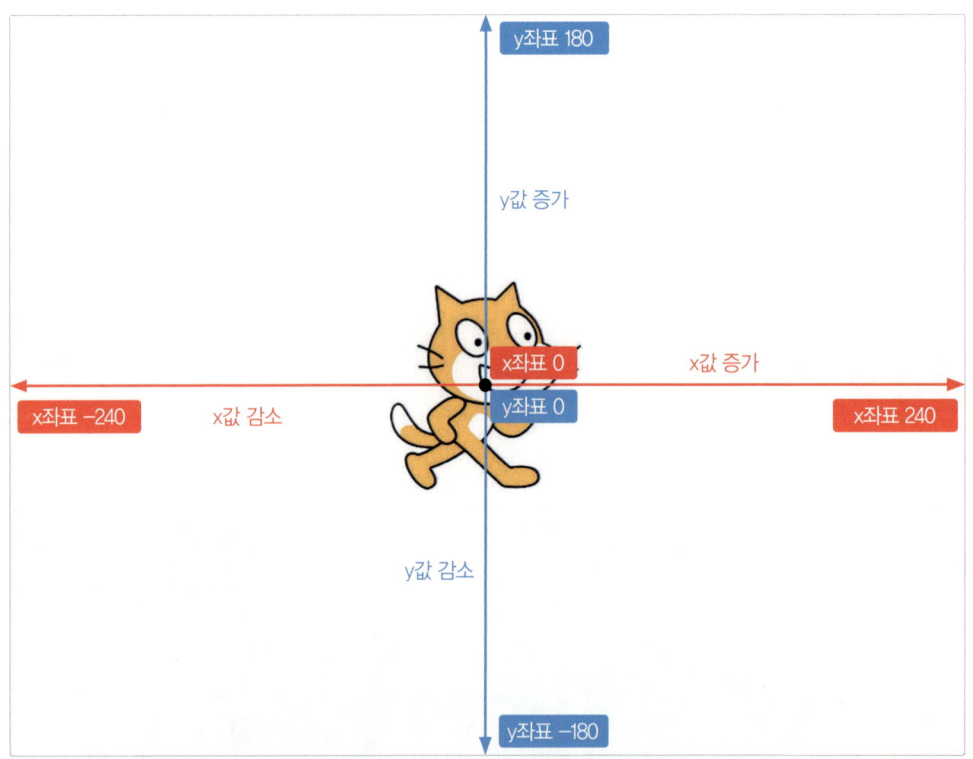

Tip
- 스테이지의 가로 크기 : 480 (–240~240) / 세로 크기 : 360 (–180~180)
- 좌표를 양쪽 끝 값으로 설정하면 스프라이트의 모습이 일부 잘려서 보이게 돼요.

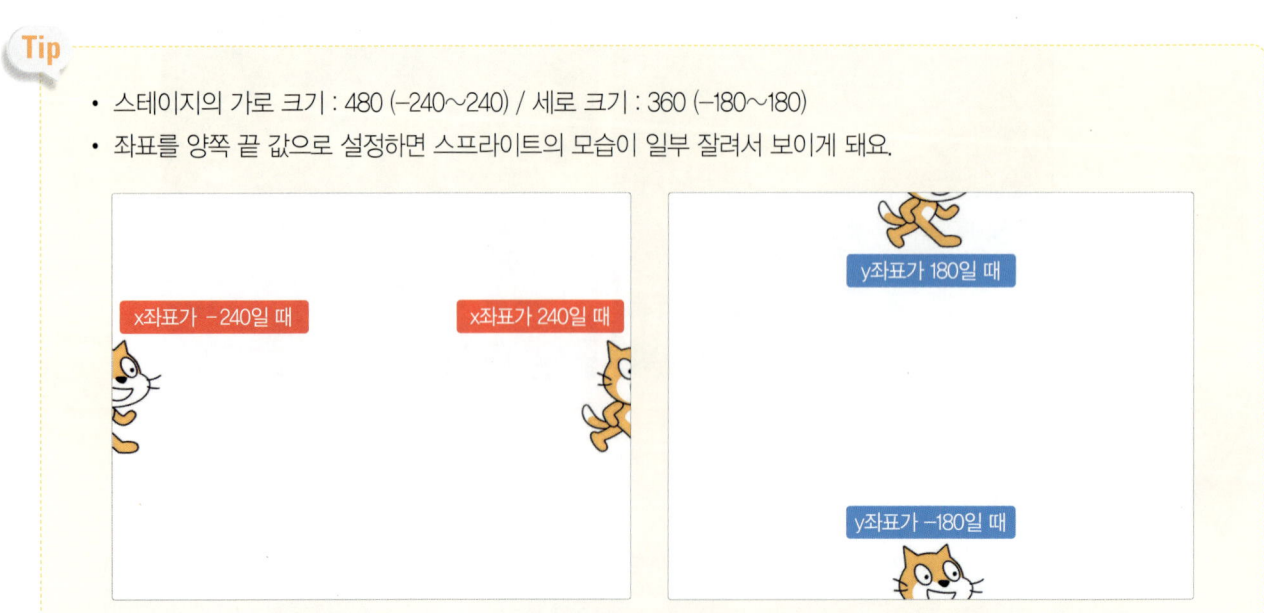

2 날아가는 돼지 만들기

'돼지'가 풍선에 묶여 날아가는 모습을 표현해 보세요.

 돼지 : '돼지'가 풍선에 묶여 날아가요.

❶ '12강 돼지 구하기(예제).sb3' 파일을 불러온 후 '돼지'를 선택하고 풍선에 묶인 '돼지'가 나타날 위치를 랜덤으로 설정하도록 그림과 같이 코드를 완성합니다

 쏙쏙! 코드 이해하기

돼지가 랜덤 위치에서 올라오는 것처럼 표현하기 위해 x좌표는 스테이지의 왼쪽부터 오른쪽 중 랜덤으로 설정하고, y좌표는 스테이지의 아래쪽을 벗어나게 설정해요.

❷ 풍선에 묶인 '돼지'가 하늘로 날아가도록 그림과 같이 코드를 완성합니다.

2 날아가는 돼지 구하기

날아가는 '돼지'를 클릭하면 '돼지'가 바닥으로 다시 떨어지도록 설정해 보세요.

 돼지 : 날아가는 '돼지'를 클릭하면 '돼지'가 바닥으로 다시 떨어져요.

❶ 풍선에 묶인 '돼지'를 클릭하면 풍선이 떨어진 돼지 모습이 되도록 그림과 같이 코드를 완성합니다.

이벤트   형태

❷ "떨어진다~"라고 '1'초 동안 말하도록 그림과 같이 코드를 완성합니다.

형태

```
이 스프라이트를 클릭했을 때
모양을 돼지 (으)로 바꾸기
떨어진다~ 을(를) 1 초 동안 말하기
```

❸ '돼지'가 바닥으로 떨어지도록 그림과 같이 코드를 완성합니다.

제어   동작

```
이 스프라이트를 클릭했을 때
모양을 돼지 (으)로 바꾸기
떨어진다~ 을(를) 1 초 동안 말하기
50 번 반복하기
    -10 만큼 움직이기
```

Tip ['-10'만큼 움직이기]에서 다른 값으로 변경할 경우, ['50'번 반복하기]의 반복 횟수도 다르게 설정해요.

❹ 바닥에 떨어진 '돼지'가 다시 풍선에 묶여 랜덤 위치로 이동하도록 그림과 같이 코드를 완성합니다.

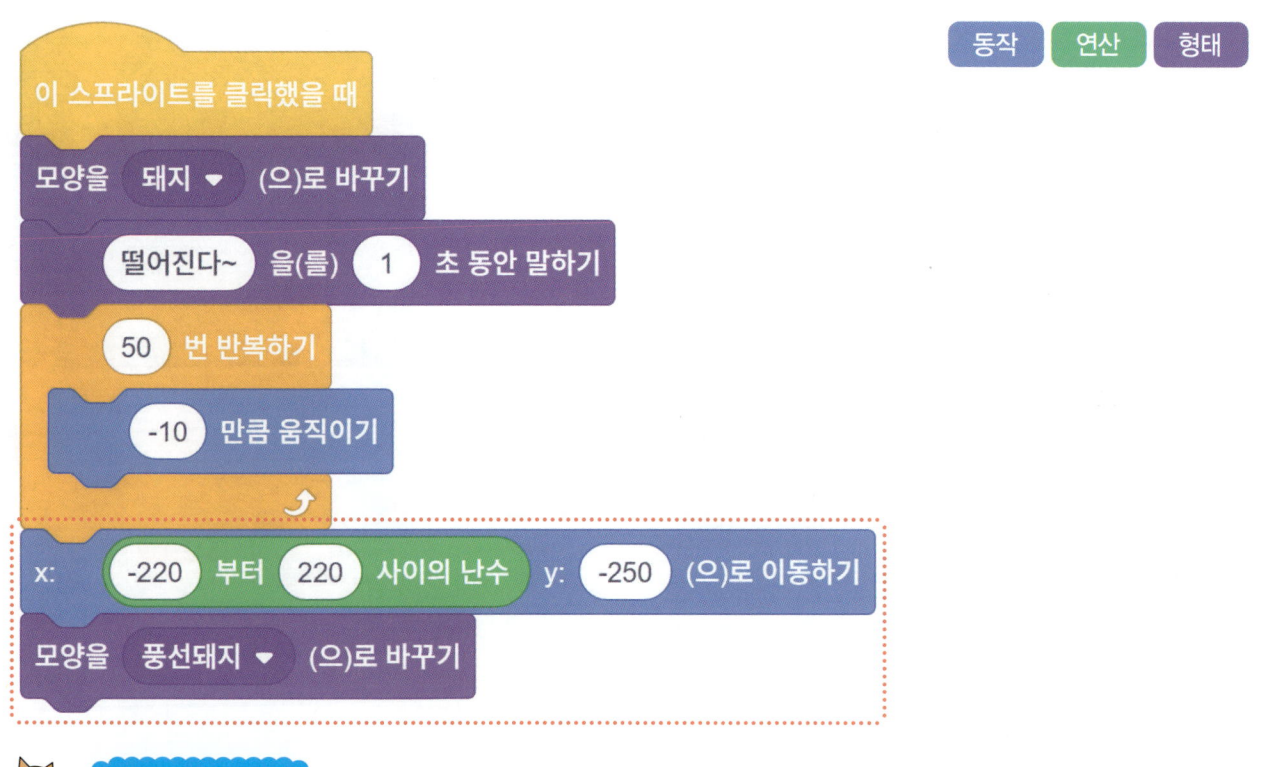

쏙쏙! 코드 이해하기

다시 '돼지'가 풍선에 묶여 날아가는 모습을 표현하기 위해 모습과 위치를 변경해요.

❺ 스프라이트 영역에서 '돼지'를 선택한 후 마우스 오른쪽 버튼을 눌러 '복사'를 클릭합니다.

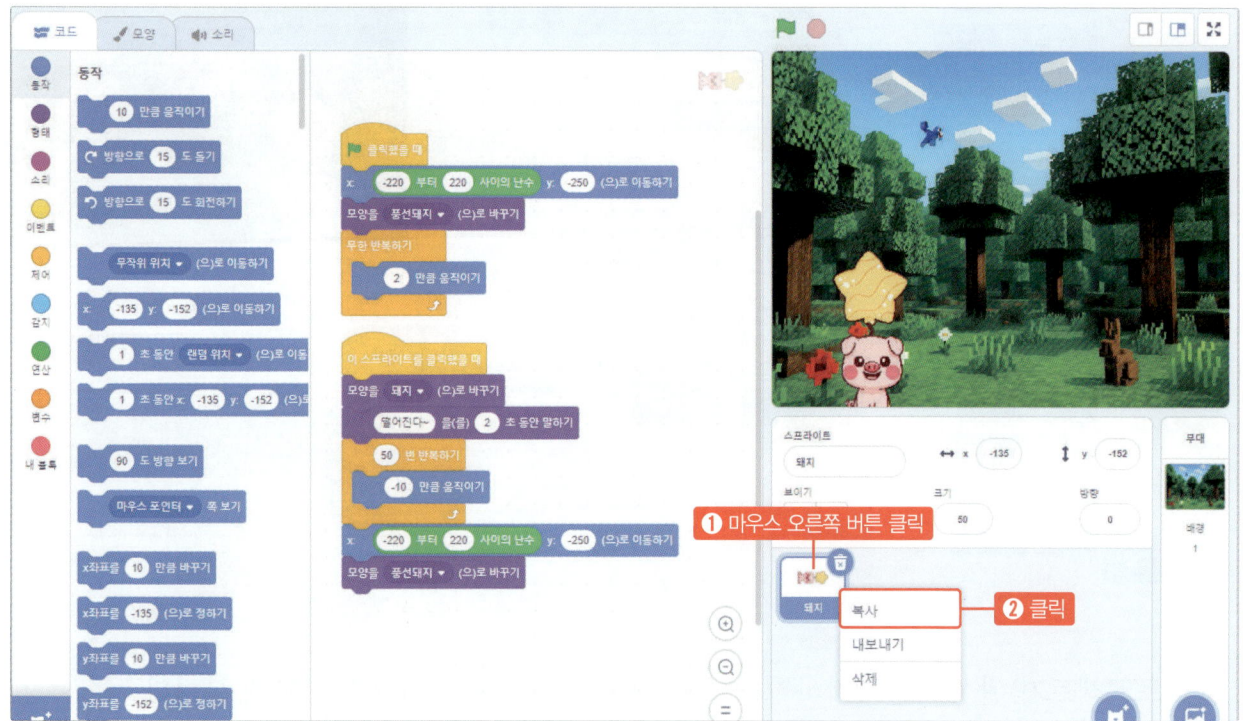

CHAPTER 12 돼지를 구해줘! _ **077**

❻ 복사된 '돼지'를 선택한 뒤 '크기'를 자유롭게 변경해 크기가 다른 '돼지'를 만들어 봅니다.

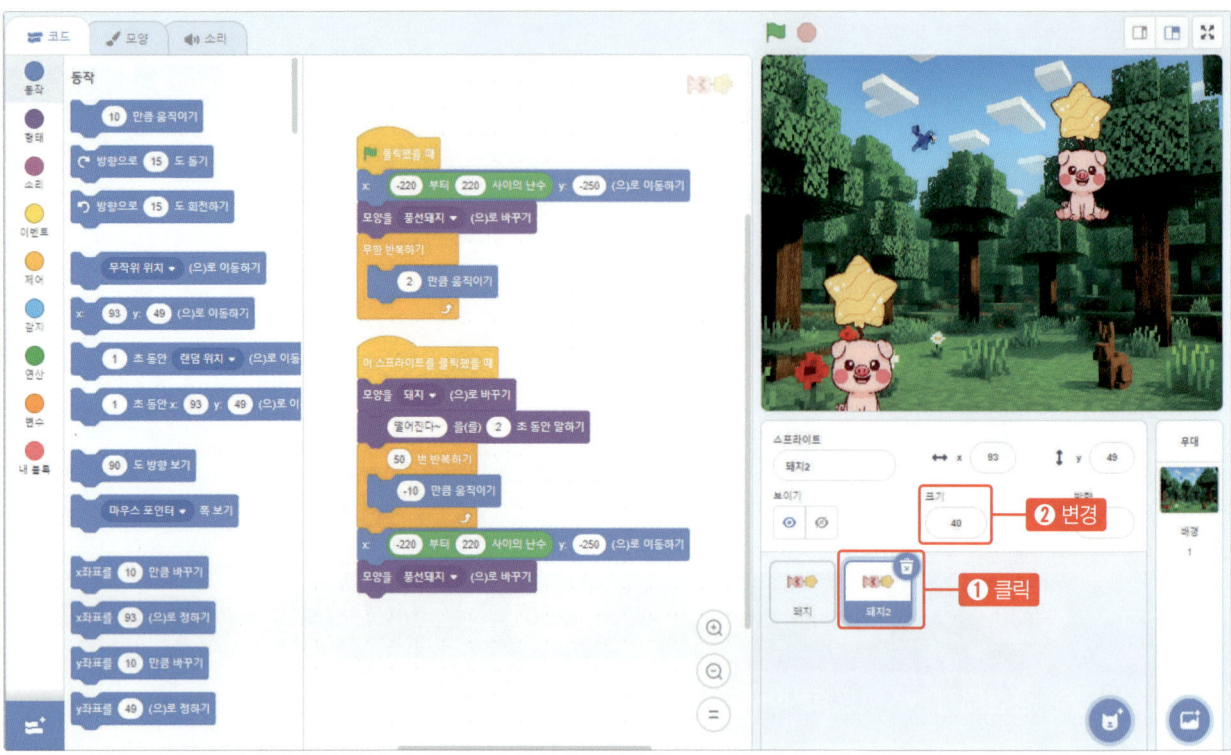

❼ ❺~❻과 같은 방법으로 풍선에 묶인 '돼지'를 다양한 크기로 여러 마리 만듭니다.

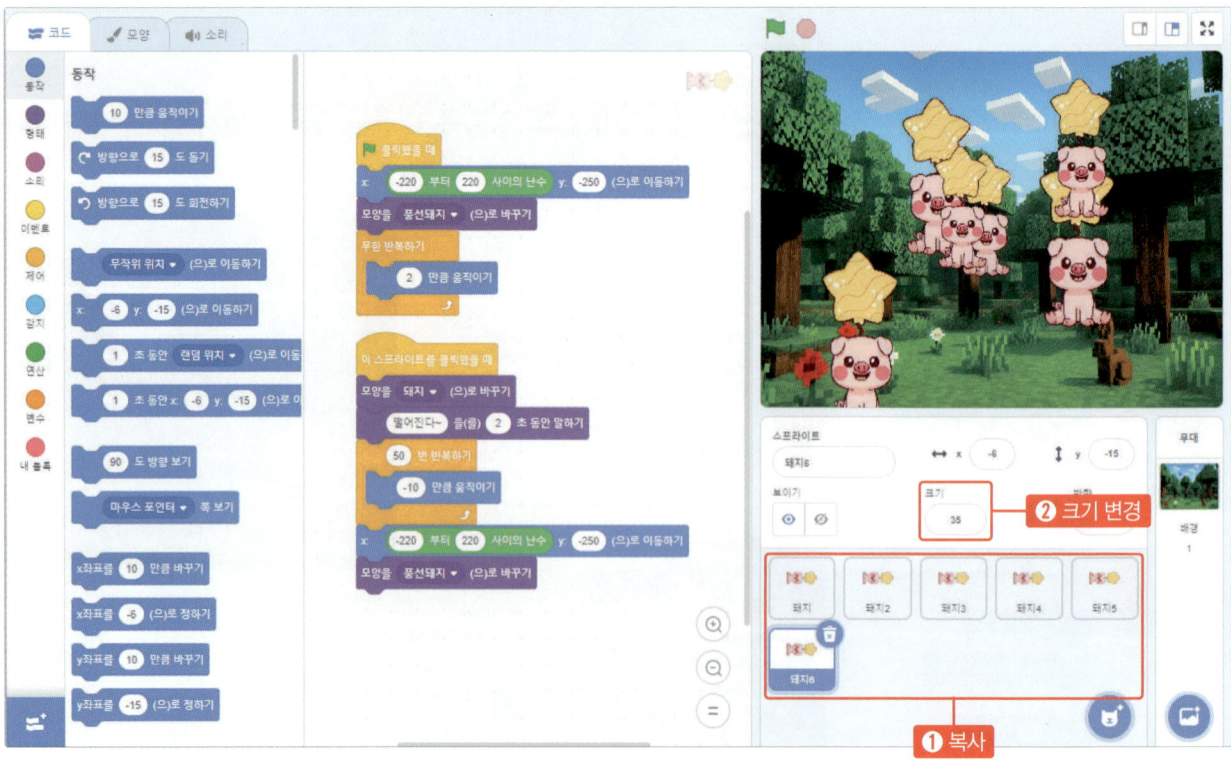

❽ 프로젝트가 완성되면 시작하기를 클릭하여 풍선에 묶인 돼지를 구출해 봅니다.

12 스스로 코딩

• 예제 파일 : 12강 눈뭉치를 막아라(예제).sb3   • 완성 파일 : 12강 눈뭉치를 막아라(완성).sb3

미션 1 예제 파일을 불러와 '눈 뭉치'가 왼쪽으로 날아가도록 코딩해 보세요.

| 눈 뭉치 | ① '눈 뭉치'의 모양은 눈이 뭉쳐 있는 모습이에요.
② '눈 뭉치'가 오른쪽 끝에서 랜덤 높이로 나타나요.
③ '눈 뭉치'가 계속해서 왼쪽으로 날아가요. |

| 힌트 | • x좌표는 오른쪽 끝('240')으로, y좌표는 랜덤 높이('-150'~'150' 사이의 난수)로 설정해요.
• '눈 뭉치'는 방향이 '90도'(오른쪽)로 설정되어 있어요.

미션 2 '눈 뭉치'를 클릭하면 '눈 뭉치'가 부서진 후 사라지도록 코딩해 보세요.

| 눈 뭉치 | ① '눈 뭉치'를 클릭하면 '부서진 눈 뭉치'로 바뀐 후 사라져요.
② '눈 뭉치'가 다시 오른쪽 끝의 랜덤 높이에서 나타나요.
③ '눈 뭉치'를 복사하여 크기가 다른 '눈 뭉치'를 여러 개 만들어요. |

13 우주선을 놓친 외계인

학습목표
- 신호 보내기에 대해 알고 신호를 생성해요.
- 특정 시간 동안 정해진 위치로 이동하도록 코딩해요.
- 스프라이트의 다른 스크립트를 모두 종료하도록 코딩해요.

오늘의 작품은?

낯선 행성을 여행한 외계인 한 마리가 우주선에 탑승하지 못했어요. 우주선도 그걸 알아챘는지 행성을 비행해요. 외계인은 태워달라 외치며 따라가지만 조금 늦어요. 외계인을 클릭하면 우주선에 탑승하고 무사히 행성을 떠날 수 있어요. 간절한 외계인을 도와 우주선에 탑승시켜 주세요.

- 예제 파일 : 13강 우주선을 놓친 외계인(예제).sb3
- 완성 파일 : 13강 우주선을 놓친 외계인(완성).sb3

주요 블록

`1 초 동안 랜덤 위치 (으)로 이동하기`   `탑승 ▼ 신호 보내기`   `탑승 ▼ 신호를 받았을 때`   `멈추기 이 스프라이트에 있는 다른 스크립트 ▼`

1 신호 보내기

'신호 보내기' 블록에 대해 이해하고, 블록 사용 방법에 대해 알아봐요.

❶ '신호 보내기'란?

스크립트끼리 서로 영향을 주고 받도록 돕는 기능으로, 하나의 스프라이트에서 스크립트 간의 명령을 실행하도록 하거나 다른 스프라이트가 명령을 실행하도록 하는 코드입니다.

❷ 신호 블록의 종류를 알아봅니다.

❸ 신호 만드는 방법을 이해합니다.

신호 블록을 코드 영역으로 드래그한 후 '메시지 1' 부분을 클릭하여 드롭다운 메뉴의 '새로운 메시지'를 클릭합니다. '새로운 메시지' 창이 열리면 생성할 신호의 이름을 입력하고 [확인]을 클릭합니다.

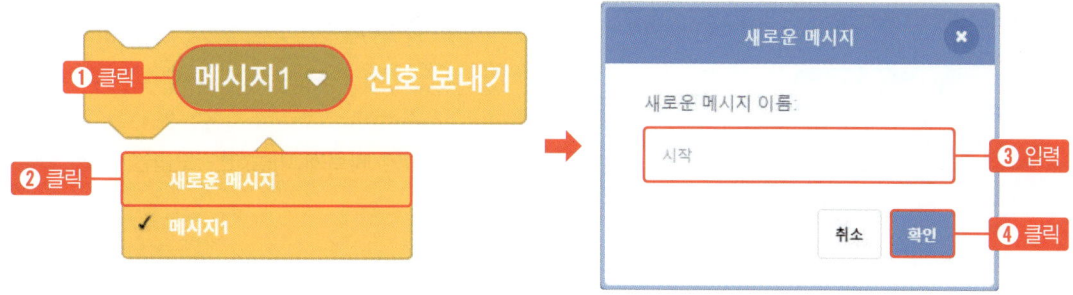

CHAPTER 13 우주선을 놓친 외계인 _ **081**

2 우주선을 놓친 외계인 표현하기

'우주선'을 쫓아서 움직이는 '외계인'을 표현해 보세요.

 외계인 : 행성에 나타난 '외계인'이 "태워줘!"를 말하며 우주선을 따라다녀요.

❶ '13강 우주선을 놓친 외계인(예제).sb3' 파일을 불러온 후 '외계인'을 선택하고 '외계인'이 스테이지에 나타나 "태워줘!"를 말하도록 그림과 같이 코드를 완성합니다.

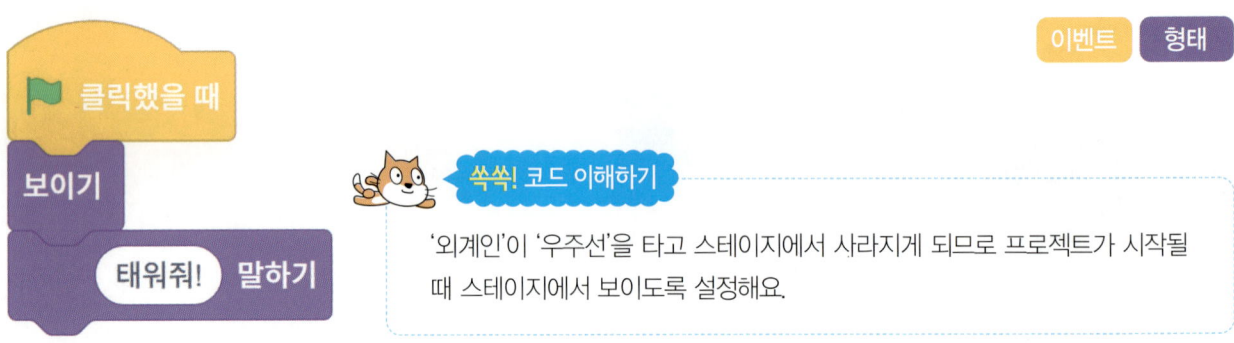

쏙쏙! 코드 이해하기

'외계인'이 '우주선'을 타고 스테이지에서 사라지게 되므로 프로젝트가 시작될 때 스테이지에서 보이도록 설정해요.

❷ '외계인'이 '우주선'을 쫓아가도록 그림과 같이 코드를 완성합니다.

 쏙쏙! 코드 이해하기

[0초 동안 '우주선' 으로 이동하기] 블록은 시간을 짧게 설정하면 빠르게 이동하는 모습을, 길게 설정하면 느리게 이동하는 모습을 표현할 수 있어요.

외계인 : '외계인'을 클릭하면 '외계인'이 '우주선'에 타요.

❸ '외계인'을 클릭하면 '외계인'이 "고마워!"를 말하고, '우주선'에 탑승하도록 그림과 같이 코드를 완성합니다.

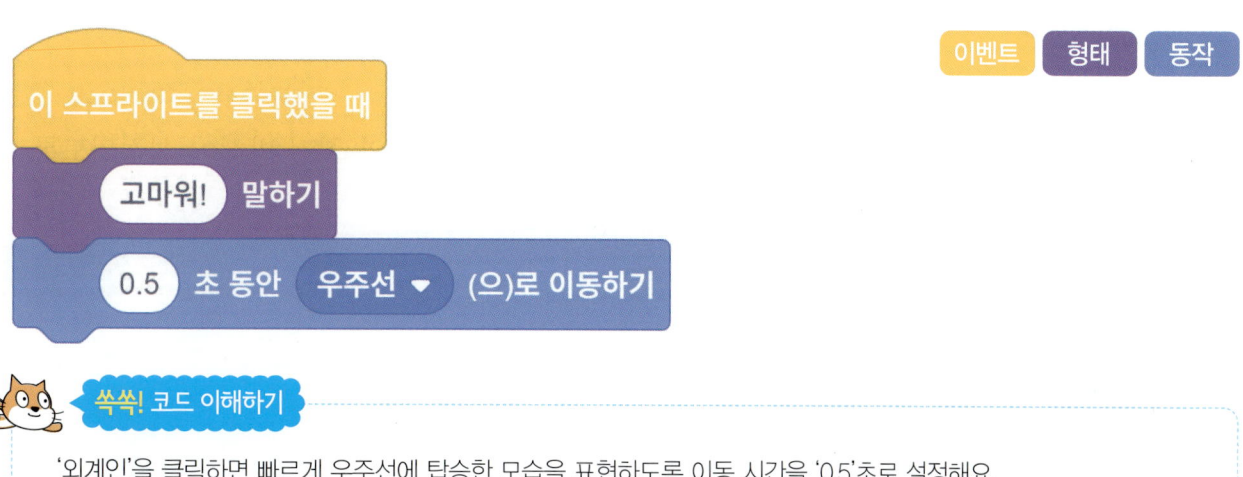

쏙쏙! 코드 이해하기

'외계인'을 클릭하면 빠르게 우주선에 탑승한 모습을 표현하도록 이동 시간을 '0.5'초로 설정해요.

❹ '우주선'에 탑승한 '외계인'이 사라지고 '우주선'에게 '외계인' 탑승을 알리는 신호를 보내도록 그림과 같이 코드를 완성합니다.

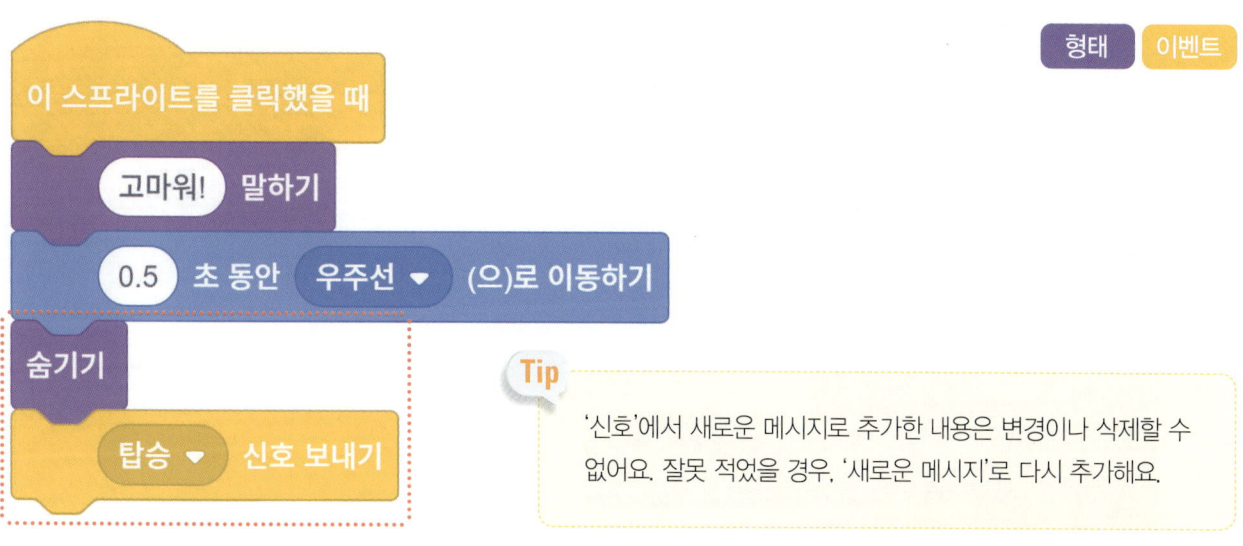

Tip
'신호'에서 새로운 메시지로 추가한 내용은 변경이나 삭제할 수 없어요. 잘못 적었을 경우, '새로운 메시지'로 다시 추가해요.

쏙쏙! 코드 이해하기

- '외계인'이 '우주선'을 타고 행성에서 사라진 모습을 표현하기 위해 [숨기기] 블록을 사용해요.
- '외계인'이 '우주선'에 탑승하고 신호를 보내면 '우주선'이 '외계인'이 탑승한 후의 명령을 실행할 수 있어요.

CHAPTER 13 우주선을 놓친 외계인 _ **083**

3 우주선 설정하기

행성을 날아다니다 '외계인'을 태우고 사라지는 '우주선'을 표현해 보세요.

 우주선 : '우주선'이 행성을 날아다니고 있어요.

① '우주선'을 선택한 후 프로젝트가 시작될 때 '우주선'의 크기와 회전 방식이 설정되도록 그림과 같이 코드를 완성합니다.

`이벤트` `형태` `동작`

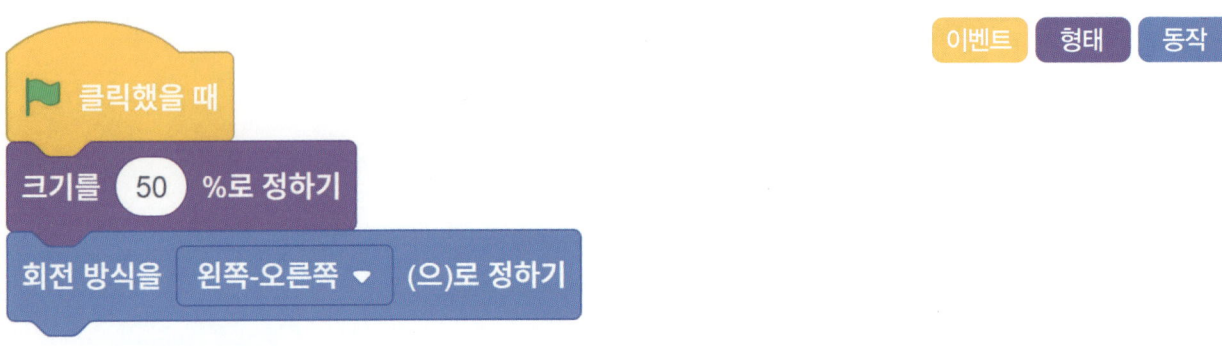

 쓱쓱! 코드 이해하기

- '우주선'이 '외계인'을 태운 후 날아가면서 크기가 작아지므로 프로젝트가 시작될 때 원래 크기로 설정해요.
- '우주선'이 날아다닐 때 모양이 뒤집히지 않도록 회전 방식을 '왼쪽-오른쪽'으로 설정해요.

② '우주선'이 스테이지 안에서 날아다니도록 그림과 같이 코드를 완성합니다.

`제어` `동작`

❸ 프로젝트를 시작하면 '3'초 간격으로 '우주선'이 랜덤 방향으로 회전하도록 그림과 같이 코드를 완성합니다.

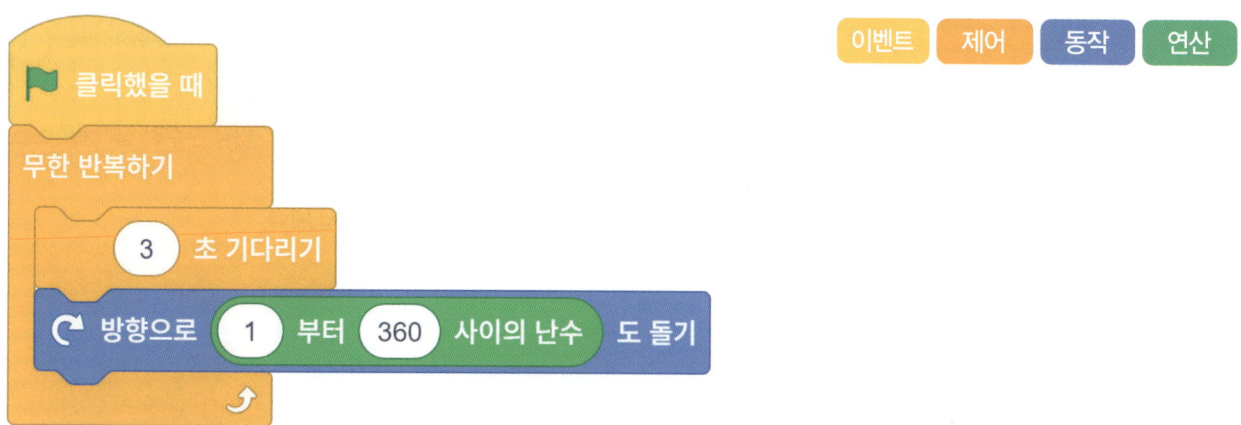

우주선 : '외계인'이 '우주선'에 탑승하면 '우주선'이 점점 작아지면서 우주 멀리 사라져요.

❹ '탑승' 신호를 받으면 '우주선'의 움직임이 멈추도록 그림과 같이 코드를 완성합니다.

쏙쏙! 코드 이해하기

- '외계인'이 보낸 '탑승' 신호를 받았을 때 해당 스크립트를 실행할 수 있어요.
- '우주선'의 움직임을 실행하는 다른 스크립트를 멈추도록 해요.

❺ '우주선'이 멀리 사라지는 것처럼 보이도록 그림과 같이 코드를 완성합니다.

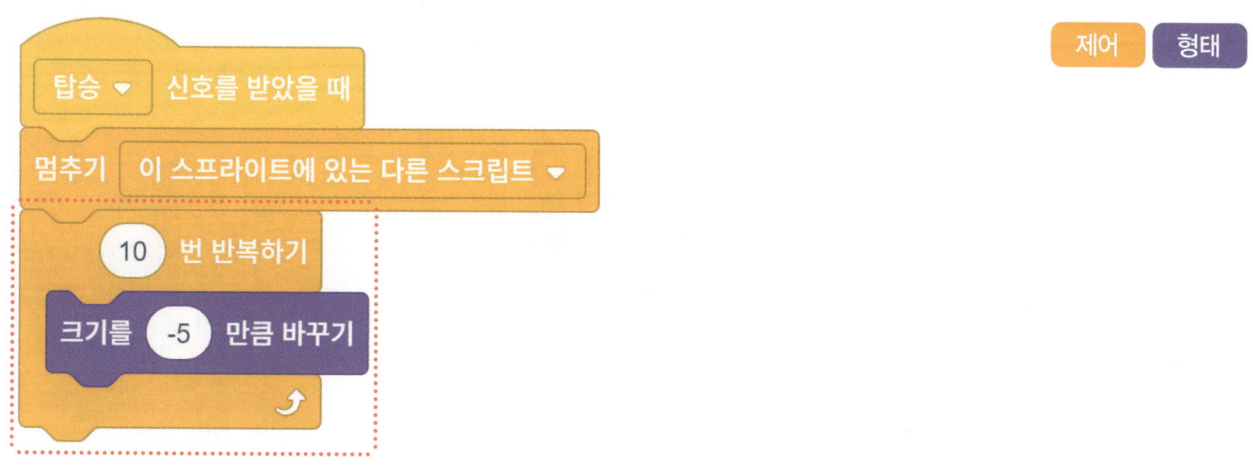

❻ 프로젝트가 완성되면 '외계인'이 '우주선'에 탑승할 수 있도록 도와줍니다.

13 스스로 코딩

• 예제 파일 : 13강 손수건 잡기(예제).sb3   • 완성 파일 : 13강 손수건 잡기(완성).sb3

 예제 파일을 불러와 '손수건'이 거리에 날아다니도록 코딩해 보세요.

 손수건
① 거리에 '손수건'이 날아다녀요.
② '손수건'이 '2'초 간격으로 랜덤 방향으로 회전해요.
③ '손수건'을 클릭하면 '할머니'에게 날아가요.

| 힌트 | • 프로젝트가 시작되면 '손수건'이 화면에 나타나요.
• '손수건'을 클릭했을 때, '할머니'에게 날아간 후 '획득' 신호를 보내고 화면에서 숨겨요.

 '손수건'을 놓친 '할머니'가 '손수건'을 찾고 기뻐하도록 코딩해 보세요.

 할머니
① '할머니'가 거리에서 좌우로 계속 움직여요.
② '손수건'을 찾으면 '할머니'가 움직임을 멈추고 기뻐해요.

| 힌트 | • 프로젝트를 시작할 때 '놀란 할머니' 모양으로 설정해요.
• '손수건'이 보낸 '획득' 신호를 받았을 때, '할머니'가 '기쁜 할머니' 모양으로 바뀌어요.

14 모여봐요! 숲속 친구들

학습목표
- 스프라이트 모양의 도장을 찍을 수 있도록 코딩해요.
- 마우스 포인터와 같은 위치로 이동하도록 코딩해요.
- 키보드의 특정 키를 눌러 명령을 실행하도록 코딩해요.

오늘의 작품은?

숲속 마을에 놀러왔는데 동물 친구들이 하나도 없네요. 계속해서 바뀌는 동물 모양은 원하는 위치에 마우스 포인터를 이동시키고 클릭하면 도장이 되어 찍혀요. 상하 화살표 키를 눌러 크기를 변경해보며 텅 빈 숲속 마을에 동물들을 모아봐요!

• 예제 파일 : 14강 숲속 친구들(예제).sb3   • 완성 파일 : 14강 숲속 친구들(완성).sb3

 주요 블록

[도장찍기] [마우스 포인터 ▼ (으)로 이동하기] [스페이스 ▼ 키를 눌렀을 때]

CHAPTER 14 모여봐요! 숲속 친구들 _ **087**

1 도장 기능 사용하기

확장 기능 중 [펜] 기능을 추가하여 도장 기능을 사용해 보세요.

	**동물** : 마우스로 클릭하면 동물의 모양이 스테이지에 남아요.

❶ '14강 숲속 친구들(예제).sb3' 파일을 불러온 후 [➕ 확장 기능 추가하기]를 클릭하여 [펜] 기능을 추가합니다.

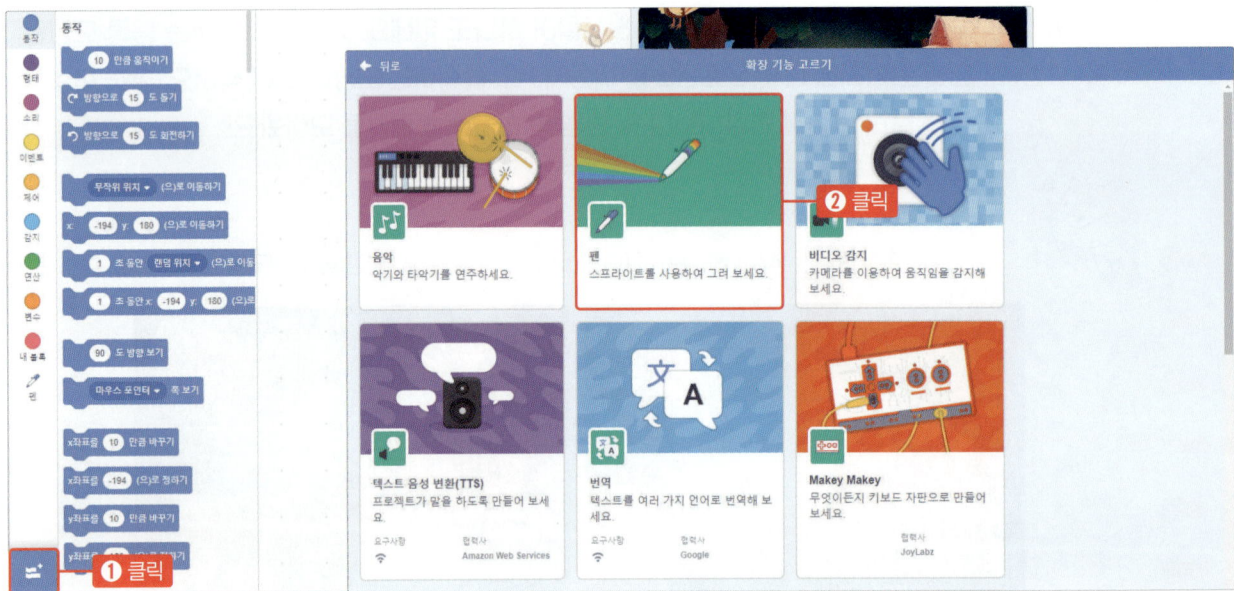

❷ 스프라이트 영역에서 '동물'을 선택한 후 프로젝트가 시작되면 펜 기능으로 그린 것들을 모두 지우도록 그림과 같이 코드를 완성합니다.

[이벤트] [펜]

❸ '동물' 스프라이트를 마우스로 클릭하면 모양이 찍히도록 그림과 같이 코드를 완성합니다.

[이벤트] [펜]

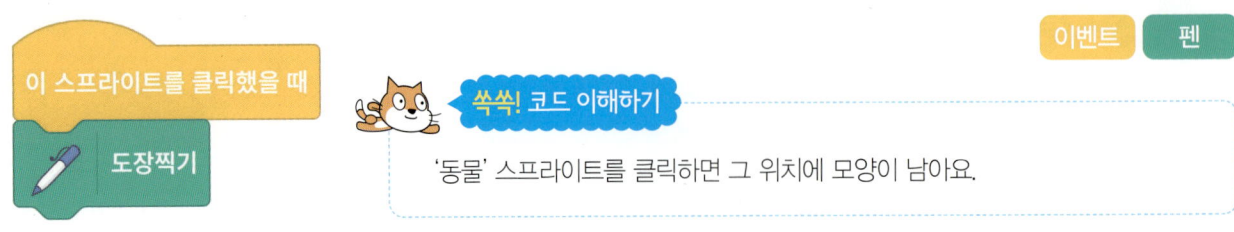

쏙쏙! 코드 이해하기

'동물' 스프라이트를 클릭하면 그 위치에 모양이 남아요.

2 동물 도장 설정하기

모양이 계속 바뀌며 마우스 포인터를 따라 이동하도록 설정해 보세요.

 동물 : '1'초 간격으로 모양이 바뀌며, 마우스 포인터와 같은 위치로 이동해요.

① 프로젝트를 시작했을 때, '1'초 간격으로 동물의 모양이 변하도록 그림과 같이 코드를 완성합니다.

Tip 시간 간격이 짧아질수록 동물의 모양을 고르기 어려워져요.

② 프로젝트가 시작되면 '동물'의 크기를 '50'%로 설정한 후 마우스 포인터 위치로 이동하도록 그림과 같이 코드를 완성합니다.

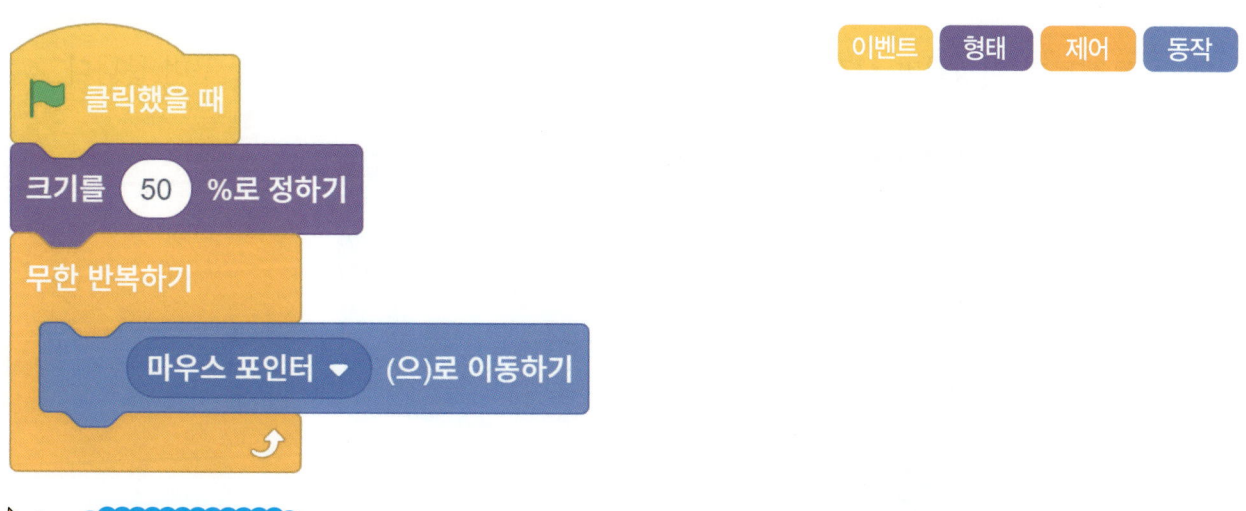

 **쏙쏙! 코드 이해하기**

위쪽, 아래쪽 화살표키로 크기를 변경하기 때문에 프로그램이 시작될 때는 '50'%로 설정해요.

3 키를 눌렀을 때 설정하기

키보드의 위쪽, 아래쪽 화살표키에 따라 크기가 바뀌도록 설정해 보세요.

 동물 : 위쪽, 아래쪽 화살표키를 누르면 '동물'의 크기가 변해요.

❶ 키보드의 '위쪽 화살표'키를 누르면 크기가 '10'만큼 변경되도록 그림과 같이 코드를 완성합니다.

이벤트 형태

❷ 키보드의 '아래쪽 화살표'키를 누르면 크기가 '-10'만큼 변경되도록 그림과 같이 코드를 완성합니다.

이벤트 형태

❸ 프로젝트가 완성되면 시작하기 버튼을 클릭하여 숲속 마을을 '동물'들로 꾸며 봅니다.

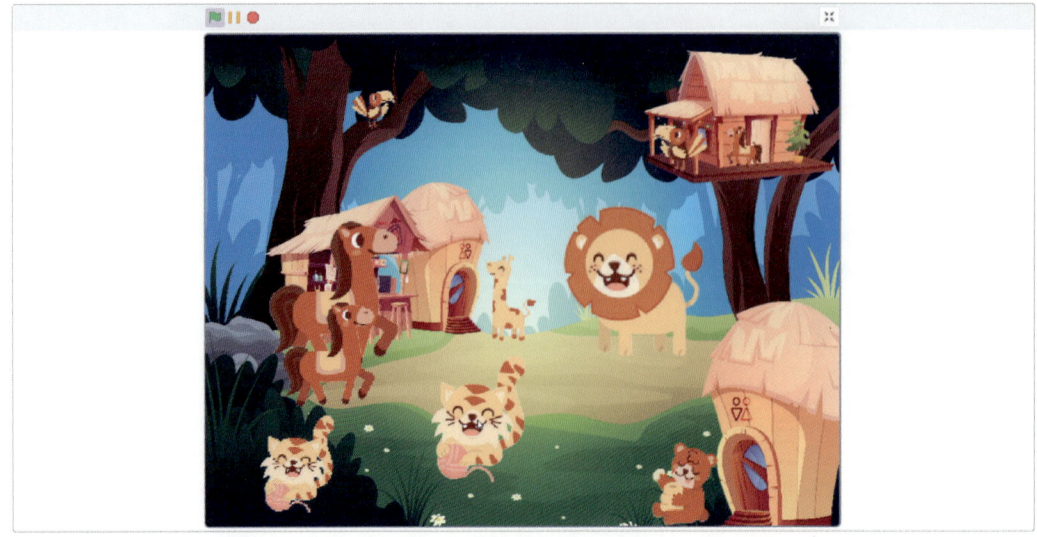

14 스스로 코딩

• 예제 파일 : 14강 블록 쌓기(예제).sb3   • 완성 파일 : 14강 블록 쌓기(완성).sb3

 예제 파일을 불러와 '블록'을 마우스 포인터 위치에 도장 찍도록 코딩해 보세요.

 블록

① [확장 기능 추가하기]-[펜] 기능을 추가해요.
② '블록'을 클릭하면 스테이지에 '블록'의 모양이 남아요.
③ '블록'이 마우스 포인터 위치로 이동해요.

 '블록'의 색깔을 바꿔가며 도장을 찍어 쌓아보도록 코딩해 보세요.

 블록

① '오른쪽 화살표' 키를 누르면 '블록'의 색깔 효과를 '25'만큼 변경해요.
② '스페이스' 키를 누르면 도장 찍은 '블록'이 모두 지워져요.

CHAPTER 14 모여봐요! 숲속 친구들 _ 091

15 먹물 뿜는 문어

학습목표
- 문어가 랜덤 방향으로 움직이도록 코딩해요.
- 랜덤 시간 간격으로 신호를 보내어 먹물을 발사하도록 코딩해요.
- 문어를 클릭하면 먹물이 전부 사라지도록 코딩해요.

오늘의 작품은?

바다를 헤엄치는 귀여운 문어 한 마리가 있어요. 이리 저리 헤엄치다 기분이 좋아지면 먹물을 뿜어요. 뿜어낸 먹물은 한번 생기면 사라지지 않아요. 먹물이 가득해지면 귀여운 문어가 보이지 않을거에요. 문어를 클릭해서 여기저기 퍼진 먹물들을 모두 지워보세요!

• 예제 파일 : 15강 먹물 뿜는 문어(예제).sb3   • 완성 파일 : 15강 먹물 뿜는 문어(완성).sb3

주요 블록

1 헤엄치는 문어 설정하기

'문어'가 자유롭게 바다 속을 헤엄치도록 설정해 보세요.

 문어 : '문어'가 바닷속을 이리 저리 헤엄쳐요.

❶ '15강 먹물 뿜는 문어(예제).sb3' 파일을 불러온 후 '문어'가 스테이지 안에서 이동하도록 그림과 같이 코드를 완성합니다.

쏙쏙! 코드 이해하기

'문어' 모양이 뒤집히지 않도록 회전 방식을 '왼쪽-오른쪽'으로 설정해요.

❷ '문어'가 '3'초 간격으로 랜덤 방향으로 회전하도록 그림과 같이 코드를 완성합니다.

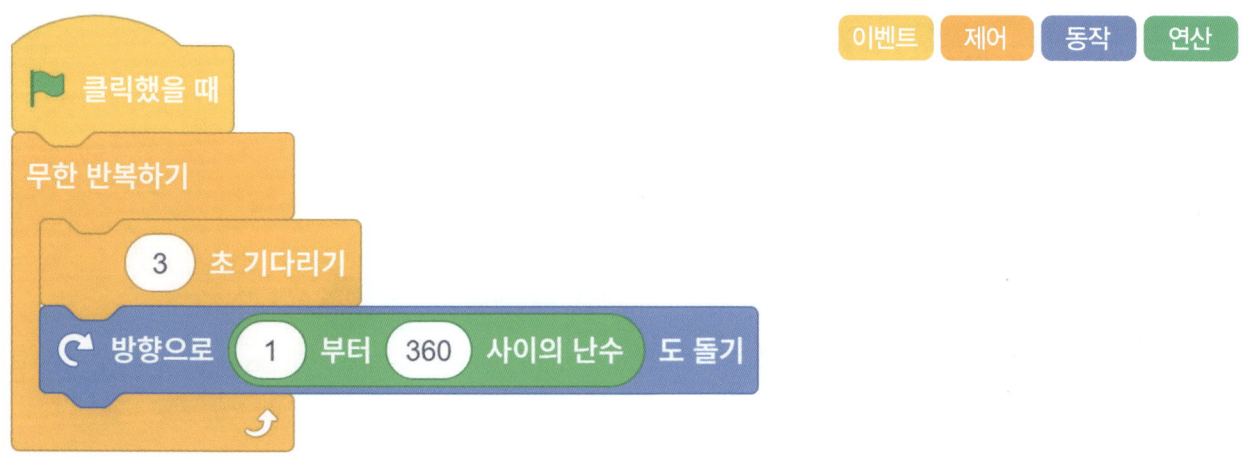

2 먹물 뿜는 문어 설정하기

'문어'가 먹물을 뿜도록 설정해 보세요.

 문어 : '문어'가 랜덤 시간마다 먹물을 뿜어요.

① '문어'가 먹물을 뿜을 때 사용하기 위해 '먹물 발사' 신호를 생성합니다.

② '문어'가 랜덤 시간마다 먹물을 발사하도록 그림과 같이 코드를 완성합니다.

쏙쏙! 코드 이해하기

랜덤 시간 간격으로 모양을 바꾼 '문어'가 '먹물 발사' 신호를 보내면 이후 '먹물'이 신호를 받아 명령을 실행해요.

③ 먹물을 발사한 '문어'가 '1'초 후 원래 모양으로 돌아오도록 그림과 같이 코드를 완성합니다.

쏙쏙! 코드 이해하기

'먹물 쏘는 문어' 모양은 '1'초 동안에만 나타나고, 다시 '문어' 모양으로 돌아와요.

3 먹물 설정하기

'문어'에게서 발사되는 '먹물'을 설정해 보세요.

 먹물 : '먹물'이 '문어' 안에 들어 있어요.

❶ 스프라이트 영역에서 '먹물'을 선택한 후 [확장 기능 추가하기]-[펜] 기능을 추가합니다.

❷ 프로젝트가 시작되면 남은 먹물을 모두 지우도록 그림과 같이 코드를 완성합니다.

`이벤트` `펜`

❸ '문어'에게서 '먹물'이 나오는 것처럼 보이도록 그림과 같이 코드를 완성합니다.

`형태` `제어` `동작`

 **쏙쏙! 코드 이해하기**

'먹물'은 스테이지에서 안 보이지만 이후 '문어'의 위치에서 나타나 '문어'에게서 발사되는 모습을 표현해요.

 먹물 : '문어'의 표정이 바뀌고 '먹물'이 뿌려져요.

❹ '먹물 발사' 신호를 받으면 '먹물'을 뿌리도록 그림과 같이 코드를 완성합니다.

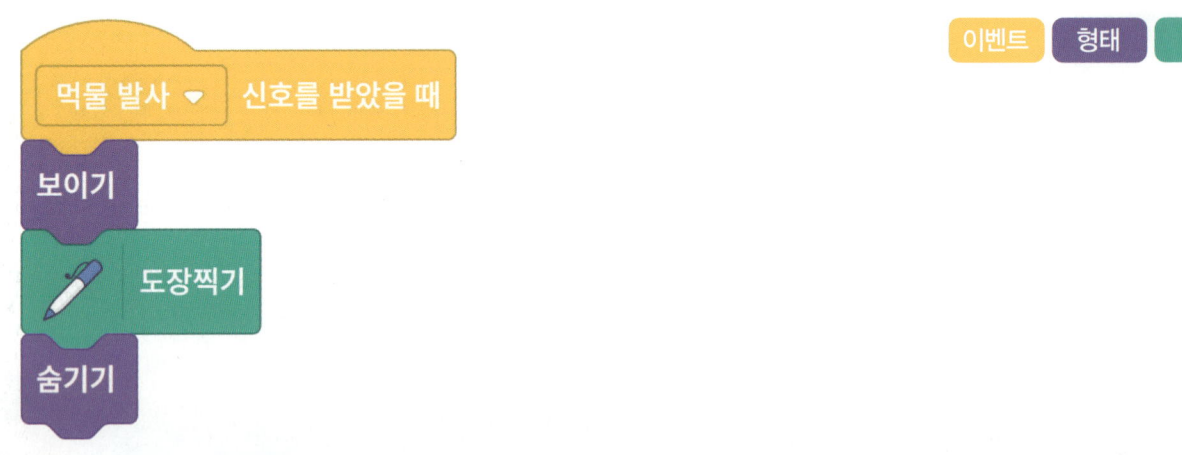

 쏙쏙! 코드 이해하기

'문어'가 보낸 '먹물 발사' 신호를 받았을 때, '문어'의 위치에서 '먹물'이 나타나 모양을 남기고 사라져서 '문어'가 '먹물'을 뿌린 것처럼 보이도록 해요.

 문어 : '문어'를 클릭하면 뿌려졌던 '먹물'이 모두 사라져요.

❺ 스프라이트 영역에서 '문어'를 선택한 후 '문어'를 클릭하면 '먹물'이 지워지도록 그림과 같이 코드를 완성합니다.

❻ 프로젝트가 완성되면 시작하기를 클릭하여 마구 뿜어댄 먹물을 청소해 봅니다.

15 스스로 코딩

• 예제 파일 : 15강 알을 낳는 거위(예제).sb3   • 완성 파일 : 15강 알을 낳는 거위(완성).sb3

미션 1 예제 파일을 불러와 '거위'가 마당을 돌아다니다 '황금알'을 낳도록 코딩해 보세요.

거위

① '거위'가 마당 안을 계속해서 걸어다녀요.
② '거위'가 '2~5'초 간격으로 '알 낳기' 신호를 보내요.
③ '거위'를 클릭하면 '황금알'을 모두 사라져요.

| 힌트 | • '거위'의 회전 방식을 '왼쪽-오른쪽'으로 정해요.
• '0.1'초 간격으로 모양을 바꾸며 걸어다녀요.

미션 2 펜 기능을 추가하여 '거위'에게서 '황금알'이 나오도록 코딩해 보세요.

황금알

① '황금알'은 스테이지에서 보이지 않아요.
② '황금알'은 '거위'와 같은 위치로 이동해요.
③ '알 낳기' 신호를 받으면 '황금알'이 마당에 남겨져요.

16 도깨비불의 정체는?!

학습목표
- 도깨비불이 숲속을 벗어나지 않고 움직이도록 코딩해요.
- 스프라이트의 모양을 정할 때 난수를 사용하도록 코딩해요.

오늘의 작품은?

신비로운 숲속 어딘가, 어두운 밤이 되면 푸른 불꽃이 어른거려요. 푸른 불꽃들은 숲속을 이리저리 날아다니다 사라지기를 반복해요. 그 푸른 불꽃은 바로 장난꾸러기 도깨비가 변신한 모습이래요! 도깨비불을 잡으면 도깨비들의 얼굴을 확인할 수 있어요. 함께 도깨비불을 잡으러 가볼까요?

• 예제 파일 : 16강 도깨비불 잡기(예제).sb3   • 완성 파일 : 16강 도깨비불 잡기(완성).sb3

주요 블록

| 모양을 도깨비불1 ▼ (으)로 바꾸기 | 1 부터 10 사이의 난수 |

날아다니는 도깨비불 설정하기

'도깨비불'이 신비한 숲에서 자유롭게 날아다니도록 설정해 보세요.

 도깨비불 : '도깨비불'이 계속 타고 있어요.

❶ '16강 도깨비불 잡기(예제).sb3' 파일을 불러온 후 '도깨비불'을 선택하고 '도깨비불'이 타오르는 것처럼 보이도록 그림과 같이 코드를 완성합니다.

쏙쏙! 코드 이해하기
'도깨비불1', '도깨비불2' 이름의 모양들이 번갈아가면서 보이면 불이 타는 모습처럼 표현할 수 있어요.

 도깨비불 : '도깨비불'이 나타났다 사라졌다 하며 신비한 숲속을 날아다녀요.

❷ '도깨비불'의 모양이 뒤집히지 않도록 그림과 같이 코드를 완성합니다.

❸ '도깨비불'이 숲 안에서만 움직이도록 그림과 같이 코드를 완성합니다.

❹ '도깨비불'이 계속해서 랜덤 방향으로 이동하도록 그림과 같이 코드를 완성합니다.

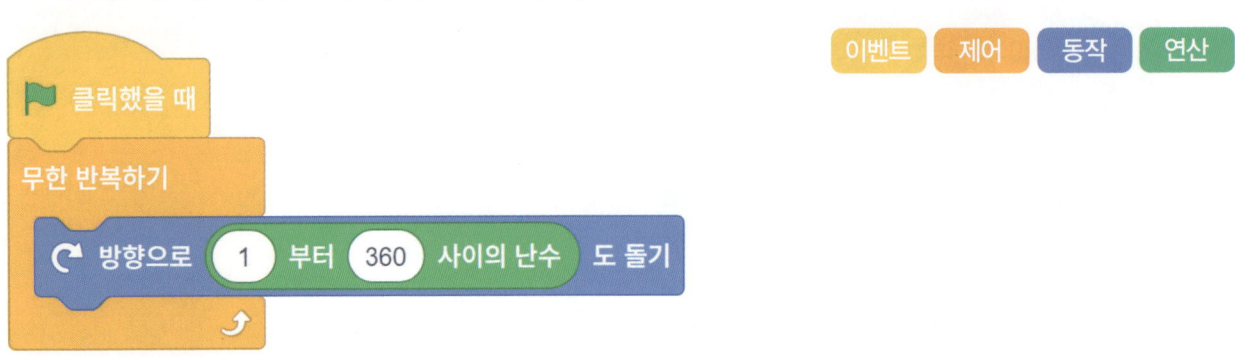

❺ '3'초 간격으로 '도깨비불'이 스테이지에서 사라졌다 나타났다를 반복하도록 그림과 같이 코드를 완성합니다.

쏙쏙! 코드 이해하기

어른거리는 '도깨비불'을 표현하기 위해 숨기기와 보이기를 반복하도록 설정해요.

2 도깨비 나타나기

날아다니는 '도깨비불'을 클릭하면 도깨비가 나타나도록 설정해 보세요.

 도깨비불 : '도깨비불'을 잡으면 도깨비가 나타나요.

❶ '도깨비불'을 클릭하면 '도깨비불'이 움직임을 멈추도록 그림과 같이 코드를 완성합니다.

`이벤트` `제어`

```
이 스프라이트를 클릭했을 때
멈추기 [이 스프라이트에 있는 다른 스크립트 ▼]
```

 쏙쏙! 코드 이해하기

'도깨비불'을 클릭하면 '도깨비불'의 움직임을 설정한 스크립트를 멈추고 다음 명령을 실행해요.

❷ 이어서 크기가 커진 도깨비 모양으로 나타나도록 그림과 같이 코드를 완성합니다.

`형태` `연산`

```
이 스프라이트를 클릭했을 때
멈추기 [이 스프라이트에 있는 다른 스크립트 ▼]
크기를 (50) %로 정하기
모양을 (3) 부터 (6) 사이의 난수 (으)로 바꾸기
보이기
```

Tip

[모양] 탭을 클릭하면 모양 왼쪽 위에 쓰여진 숫자가 '모양 번호'예요. 모양 번호로 모양을 결정할 수 있어요.

도깨비01 276 x 300   도깨비02 270 x 360   도깨비03 210 x 207   도깨비04 145 x 186

❸ 도깨비가 "잡혔다!"를 말한 뒤 게임이 종료되도록 그림과 같이 코드를 완성합니다.

❹ 스프라이트 영역에서 '도깨비불'을 마우스 오른쪽 버튼으로 누른 후 여러 개로 복사합니다.

> **Tip**
> '도깨비불'이 사라졌다 나타나는 시간 간격을 다양하게 바꾸어 적용하면 더욱 좋아요.

❺ 프로젝트가 완성되면 시작하기를 클릭하여 도깨비불을 잡아 봅니다.

16 스스로 코딩

• 예제 파일 : 16강 크리스마스 조명(예제).sb3   • 완성 파일 : 16강 크리스마스 조명(완성).sb3

 예제 파일을 불러와 '전구'가 랜덤 시간마다 켜지도록 코딩해 보세요.

 전구   ① '전구'가 랜덤 시간 간격으로 '켜진 전구'로 변경해요.

| 힌트 | 계속 반복해서 '1~3'초 간격으로 모양을 변경해요.

 트리를 장식한 '전구'를 클릭하면 꺼지도록 코딩해 보세요.

 전구   ① '전구'를 클릭하면 '꺼진 전구'로 변경해요.
② '전구'를 복사하여 트리에 장식해요.

17 개구쟁이 유령 잡기

학습목표
- '~까지'가 포함된 블록에 대해 이해하고 코딩해요.
- 스프라이트의 투명도 효과를 조절하여 서서히 보이지 않도록 코딩해요.

오늘의 작품은?

어두운 밤, 유령들이 마을에 나타났어요. 마을 안을 돌아다니는 유령들과 마주치면 아이들이 깜짝 놀랄거에요. 유령을 클릭하면 유령이 과녁에 닿아 서서히 사라져요. 마을을 이리저리 날아다니는 유령들을 모두 잡아봐요!

• 예제 파일 : 17강 유령 잡기(예제).sb3   • 완성 파일 : 17강 유령 잡기(완성).sb3

주요 블록

| 까지 기다리기 | 투명도 ▼ 효과를 25 만큼 바꾸기 | 1 부터 10 사이의 난수 |

1 '~까지' 블록 이해하기

'~까지'가 포함된 블록에 대해 이해하고, 블록 사용 방법을 알아봐요.

❶ '~까지'가 포함된 블록에 대해 이해합니다.

블록의 ⬣ 에 해당하는 조건을 만족할 때 명령을 수행하는 블록입니다.

⬣ 에 들어가는 조건이 만족할 때까지 다음 명령을 실행하지 않고 기다립니다.

⬣ 에 들어가는 조건이 만족할 때까지 블록 안에 있는 명령을 반복합니다.

Tip

'~까지'가 포함된 블록의 빈칸에 들어가는 조건 블록의 형태는 모두 양 끝이 뾰족하게 생겼어요.

감지 카테고리   연산 카테고리

❷ 블록 사용 방법에 대해 알아봅니다.

['유령'에 닿았는가?]라는 조건에 만족할 때(유령에 닿았을 때)까지 다음 명령을 실행하지 않습니다.

['유령'에 닿았는가?]라는 조건에 만족할 때(유령에 닿았을 때)까지 반복하여 '10'만큼 움직입니다.

2 유령 잡기 설정하기

마우스 포인터를 따라 다니는 과녁으로 유령을 잡을 수 있도록 설정해 보세요.

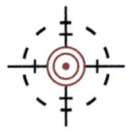   과녁 : '과녁'이 마우스 포인터를 따라 다녀요.

❶ '17강 유령 잡기(예제).sb3' 파일을 불러온 후 '과녁'을 선택하고 '과녁'이 마우스 포인터를 따라 이동하도록 그림과 같이 코드를 완성합니다.

이벤트 제어 동작

   유령 : '유령'이 마을 안을 돌아다녀요.

❷ 스프라이트 영역에서 '유령'을 선택한 후 프로젝트가 시작되면 '유령'이 마을 안을 벗어나지 않은 채 돌아다니도록 그림과 같이 코드를 완성합니다.

이벤트 제어 동작

유령 : 여러 모습의 '유령'이 나타나 이리 저리 회전하며 이동해요.

❸ '유령'의 모양이 랜덤으로 선택되도록 그림과 같이 코드를 완성합니다.

쏙쏙! 코드 이해하기

'유령' 스프라이트의 [모양] 탭에서 세가지 모양을 확인할 수 있어요.

❹ '유령'이 랜덤 시간 간격으로 회전 방향을 정하도록 그림과 같이 코드를 완성합니다.

 쏙쏙! 코드 이해하기

'유령'의 회전 각도와 변경하는 시간을 난수로 설정하여 이동을 예측할 수 없도록 설정해요.

3 잡힌 유령 설정하기

과녁에 닿은 유령이 서서히 사라지도록 설정해 보세요.

 유령 : '유령'을 클릭하면 '과녁'에 닿은 '유령'이 서서히 사라져요.

❶ '유령'을 선택한 후 '유령'을 클릭했을 때 '유령'에 '과녁'이 닿았을 때까지 기다리도록 그림과 같이 코드를 완성합니다.

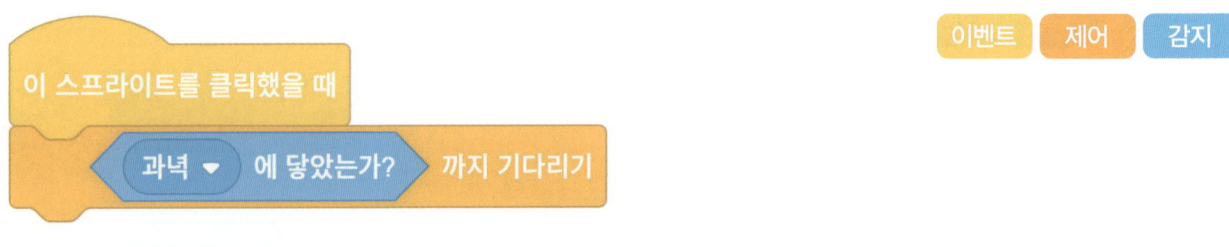

이벤트 제어 감지

 쏙쏙! 코드 이해하기

'유령'을 클릭했을 때, 마우스 포인터를 따라온 '과녁'에 닿을 때까지 기다려요.

❷ '유령'이 서서히 사라지도록 그림과 같이 코드를 완성합니다.

제어 형태

Tip

'투명도'는 '0~100' 사이의 숫자로 정할 수 있는데 '100'에 가까울수록 투명해지고, '0'에 가까울수록 불투명해져요.

▲ 투명도 0   ▲ 투명도 40   ▲ 투명도 80

유령 : 사라졌던 유령이 다시 마을에 나타나요.

❸ 일정 시간 뒤에 '유령'이 다시 보이도록 그림과 같이 코드를 완성합니다.

'투명도' 효과를 '0'으로 설정하면 '유령'의 모습이 다시 선명하게 보여요.

❹ 스프라이트 영역에서 '유령'을 선택한 뒤 마우스 오른쪽 버튼을 눌러 [복사]를 클릭하고 여러 개의 '유령'을 추가합니다.

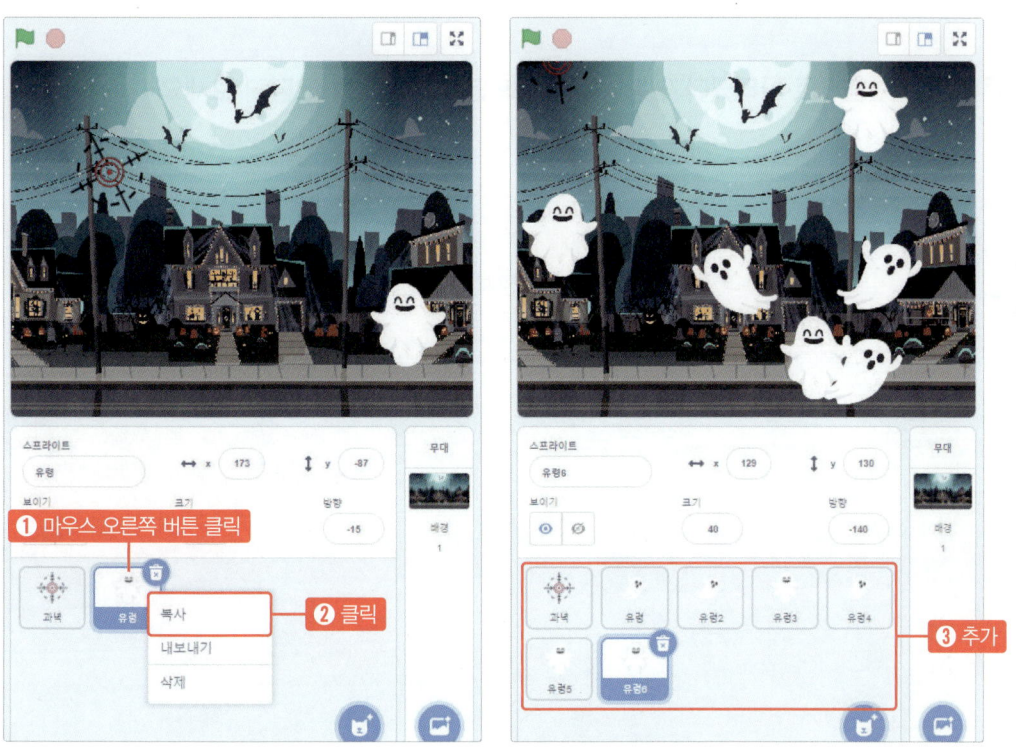

❺ 프로젝트가 완성되면 시작하기를 클릭하여 마을을 돌아다니는 '유령'을 잡아봅니다.

17 스스로 코딩

• 예제 파일 : 17강 두더지 잡기(예제).sb3   • 완성 파일 : 17강 두더지 잡기(완성).sb3

 예제 파일을 불러와 '뽕망치'가 마우스 포인터를 따라다니도록 코딩해 보세요.

 뽕망치
① '뽕망치'의 회전 방식을 '왼쪽-오른쪽'으로 설정해요.
② '뽕망치'가 마우스 포인터를 따라다녀요.

미션 2 '두더지'가 랜덤으로 나타났다가 뽕망치에 닿으면 사라지도록 코딩해 보세요.

 두더지
① 프로젝트를 시작하면 '두더지'의 투명도 효과를 '0'으로 설정해요.
② '두더지'가 랜덤 위치에서 '2'초 간격으로 나타났다 사라져요.
③ '두더지'를 클릭했을 때, '뽕망치'에 닿을 때까지 기다린 후 서서히 사라져요.

| 힌트 | • '두더지'의 투명도 효과를 '10'만큼 바꾸도록 '10'번 반복해요.
• '두더지'가 투명해진 후 모든 스크립트를 멈춰요.

18 바나나 몰래 먹기

학습목표
- 신호를 보내고 다른 스프라이트가 신호를 받도록 코딩해요.
- 스프라이트가 다른 스프라이트에 닿을 때까지 반복하도록 코딩해요.

오늘의 작품은?

욕심 많은 고릴라가 숲속의 바나나를 모두 가져갔어요. 배가 고픈 원숭이는 고릴라가 쌓아둔 바나나를 몰래 먹기로 결심했어요. 고릴라가 먹고 버린 바나나 껍질들을 밟으면 다시 처음 위치로 돌아가요. 숲속을 돌아다니는 고릴라를 피해 원숭이가 바나나를 먹을 수 있도록 도와주세요!

• 예제 파일 : 18강 바나나 몰래 먹기(예제).sb3   • 완성 파일 : 18강 바나나 몰래 먹기(완성).sb3

주요 블록

1 원숭이 설정하기

마우스를 따라 이동하는 '원숭이'가 '고릴라'에게 닿으면 실패하도록 설정해 보세요.

 원숭이 : '원숭이'가 '고릴라'에게 닿기 전까지 마우스 포인터를 따라 이동해요.

① '18강 바나나 몰래 먹기(예제).sb3' 파일을 불러온 후 '원숭이'를 선택하고 프로그램 시작 시 원숭이의 위치와 회전 방식을 설정하도록 그림과 같이 코드를 완성합니다.

쏙쏙! 코드 이해하기

스테이지의 오른쪽 아래(x: '158', y: '-107')에 위치할 수 있도록 설정해요.

② '원숭이'가 '고릴라'에게 닿기 전까지 마우스 포인터를 따라 이동하도록 그림과 같이 코드를 완성합니다.

 쏙쏙! 코드 이해하기

'원숭이'가 '마우스 포인터'쪽을 보고 '3'만큼 이동하여 마우스 포인터를 따라 느리게 이동하는 것을 표현해요.

❸ '원숭이'가 '고릴라'에 닿으면 '실패' 신호를 보내도록 그림과 같이 코드를 완성합니다.

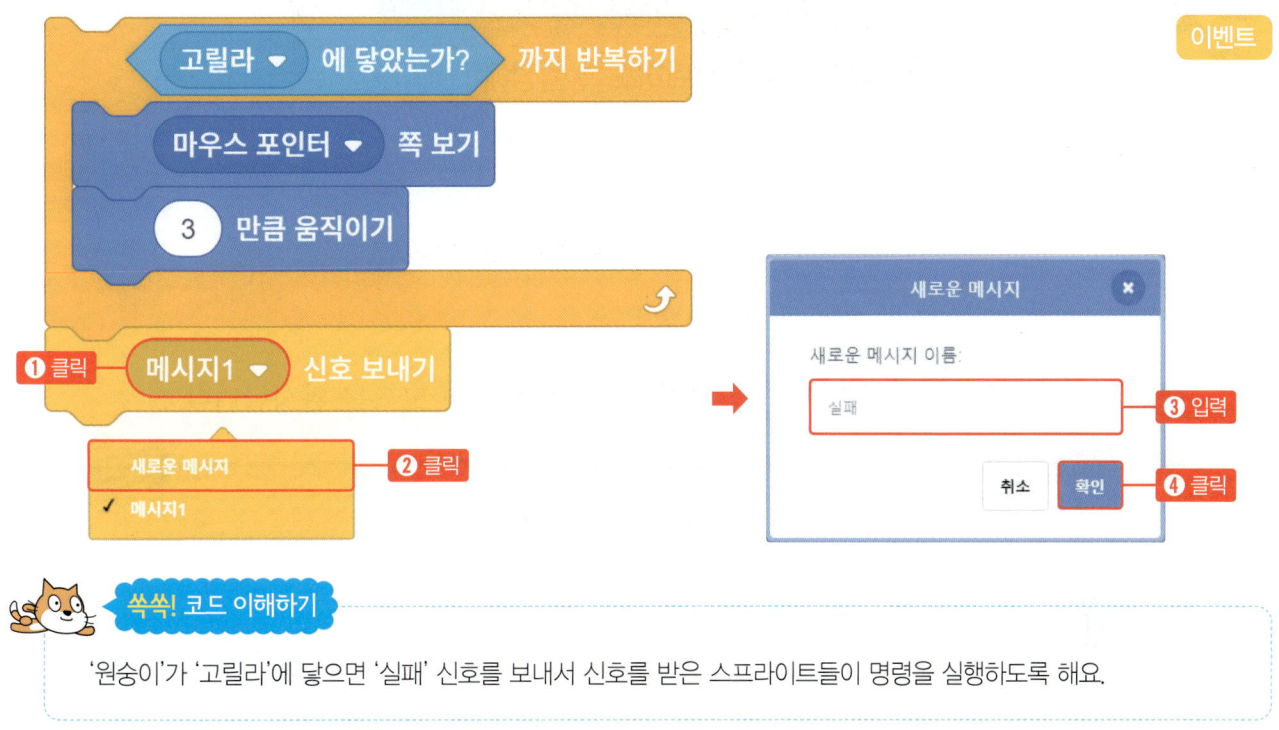

'원숭이'가 '고릴라'에 닿으면 '실패' 신호를 보내서 신호를 받은 스프라이트들이 명령을 실행하도록 해요.

❹ '원숭이'가 '으악!'을 '1'초 동안 말한 후 게임이 멈추도록 그림과 같이 코드를 완성합니다.

2 바나나 먹은 원숭이 설정하기

'원숭이'가 '바나나'를 먹고 게임을 종료하도록 설정해 보세요.

 원숭이 : '원숭이'가 '바나나'를 먹으면 "맛있다"를 말해요.

❶ '원숭이'가 '바나나'를 먹을 때까지 걸어가도록 그림과 같이 코드를 완성합니다.

쏙쏙! 코드 이해하기

'원숭이'가 '바나나'에 닿을 때까지 모양을 변경하여 걷는 모습을 표현해요.

❷ '원숭이'가 '바나나'를 먹으면 '성공' 신호를 보낸 후 "맛있다"를 말하고 게임을 종료하도록 그림과 같이 코드를 완성합니다.

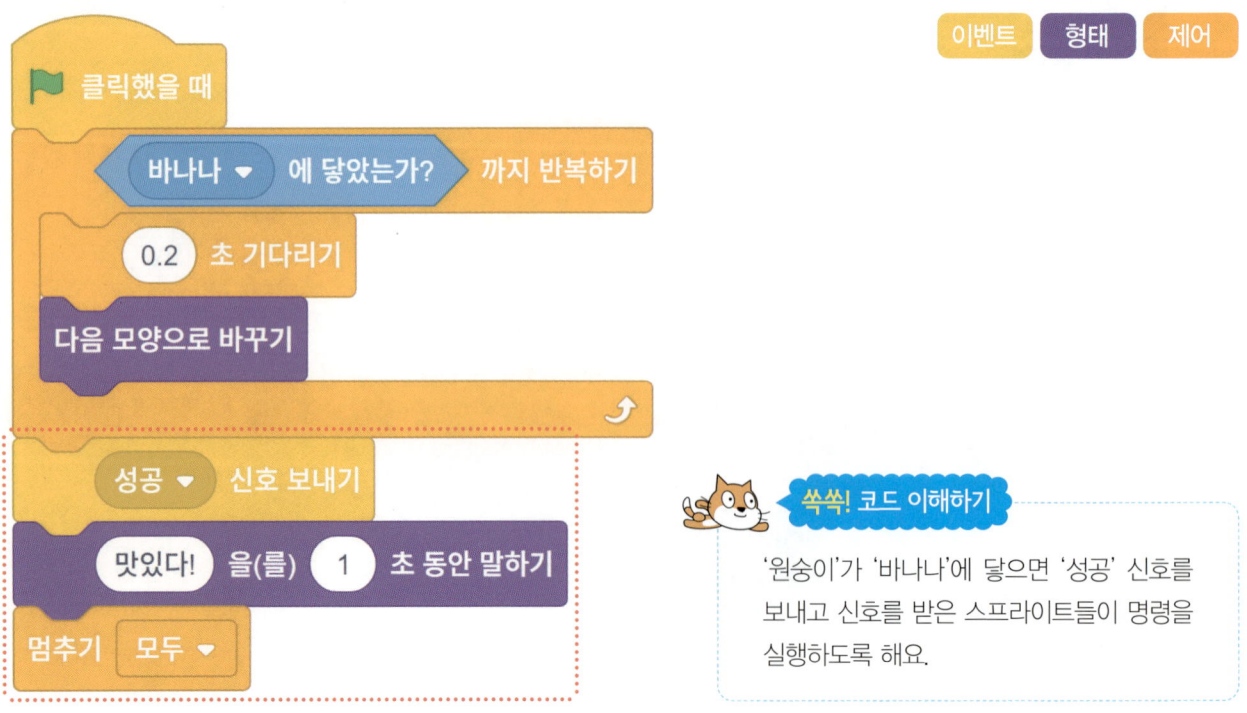

쏙쏙! 코드 이해하기

'원숭이'가 '바나나'에 닿으면 '성공' 신호를 보내고 신호를 받은 스프라이트들이 명령을 실행하도록 해요.

3 바나나껍질 밟고 미끄러지기

'원숭이'가 '바나나껍질'을 밟으면 다시 시작하도록 설정해 보세요.

 바나나껍질 : '원숭이'가 '바나나껍질'을 밟으면 처음 위치로 돌아가요.

❶ 스프라이트 영역에서 '바나나껍질'을 선택한 뒤 '바나나껍질'에 '원숭이'가 닿으면 '미끄러짐' 신호를 보내도록 그림과 같이 코드를 완성합니다.

이벤트 제어 감지

❷ '바나나껍질' 스프라이트를 여러개 복사한 후 스테이지 곳곳에 배치시킵니다.

 원숭이 : '바나나껍질'을 밟으면 '원숭이'가 처음 위치로 돌아가요.

❸ 스프라이트 영역에서 '원숭이'를 선택한 뒤 '미끄러짐' 신호를 받으면 처음 위치로 이동하도록 그림과 같이 코드를 완성합니다.

이벤트 동작

CHAPTER 18 바나나 몰래 먹기 _ 115

4 고릴라 설정하기

'고릴라'가 숲속을 돌아다니도록 설정해 보세요.

 고릴라 : '고릴라'는 숲속을 돌아다니다가 '원숭이'를 잡거나 '바나나'를 뺏기면 멈춰요.

❶ '고릴라'가 숲속을 돌아다니도록 그림과 같이 코드를 완성합니다.

쏙쏙! 코드 이해하기

'고릴라'는 프로젝트 시작 시 '원숭이'와 떨어진 곳에서 나타나도록 설정해요.

❷ '고릴라'가 '원숭이'를 잡거나 '바나나'를 뺏기면 이동을 멈추도록 그림과 같이 코드를 완성합니다.

쏙쏙! 코드 이해하기

- '성공' 신호는 '원숭이'가 '바나나'에 닿으면 받아요.
- '실패' 신호는 '원숭이'가 '고릴라'에 닿으면 받아요.

❸ 프로젝트가 완성되면 시작하기를 클릭하여 '원숭이'가 '바나나'를 먹도록 도와줍니다.

18 스스로 코딩

• 예제 파일 : 18강 배고픈 강아지(예제).sb3   • 완성 파일 : 18강 배고픈 강아지(완성).sb3

미션 1 예제 파일을 불러와 '강아지'가 마우스 포인터를 따라 이동하도록 코딩해 보세요.

강아지
① '강아지'가 계속 걸어다녀요.
② '배고픈 강아지'에 닿았을 때까지 마우스 포인터를 따라 이동해요.
③ '배고픈 강아지'에 닿았을 때, 슬픈 표정으로 게임을 멈춰요.

| 힌트 |
• '강아지'의 시작 위치를 x: '177', y: '-116'으로 설정해요.
• '배고픈 강아지'에 닿았을 때, '이 스프라이트에 있는 다른 스크립트'를 멈춘 후 '슬픈 표정'을 해요.

미션 2 '배고픈 강아지'가 랜덤으로 이동하며 뼈다귀를 빼앗도록 코딩해 보세요.

배고픈 강아지
① '배고픈 강아지'가 계속 걸어 다녀요.
② '강아지'에 닿았을 때까지 반복해서 '2'초 동안 랜덤 위치로 이동해요.
③ '강아지'에 닿았을 때, 행복한 표정이 되어 "맛있다!"를 말하고 게임을 멈춰요.

19 아이스크림 쌓기

학습목표
- 좌표를 특정 값만큼 이동하는 블록을 이해하고 코딩해요.
- 키보드의 키를 눌러 스프라이트의 x좌표 값을 변경하도록 코딩해요.
- 스프라이트의 y좌표 값을 감소시켜 아래로 떨어지도록 코딩해요.

오늘의 작품은?

떨어지는 아이스크림을 받아 3단까지 쌓는 재미있는 아이스크림 가게가 생겼대요! 위에서 떨어지는 아이스크림을 받기 위해 좌우 화살표키를 눌러 콘을 옮겨보세요. 아이스크림을 한번도 떨어 트리지 않고 3단 아이스크림을 만들 수 있을지 함께 도전해 봐요~

• 예제 파일 : 19강 3단 아이스크림 쌓기(예제).sb3   • 완성 파일 : 19강 3단 아이스크림 쌓기(완성).sb3

주요 블록

| 스페이스 ▼ 키를 눌렀을 때 | 마우스 포인터 ▼ 에 닿았는가? | y좌표를 10 만큼 바꾸기 | x좌표를 10 만큼 바꾸기 |

1 x/y좌표 ○만큼 움직이기

'x/y좌표 ○만큼 움직이기' 블록에 대해 이해하고, 블록 사용 방법에 대해 알아봐요.

❶ x좌표란?

x좌표는 스테이지의 가로방향 위치값으로, 스프라이트의 현재 위치로부터 왼쪽으로 이동할 땐 값을 음수로 입력하고 오른쪽으로 이동할 땐 값을 양수로 입력합니다.

❷ y좌표란?

y좌표는 스테이지의 세로방향 위치값으로, 스프라이트의 현재 위치로부터 위쪽으로 이동할 땐 값을 양수로 입력하고 아래쪽으로 이동할 땐 값을 음수로 입력합니다.

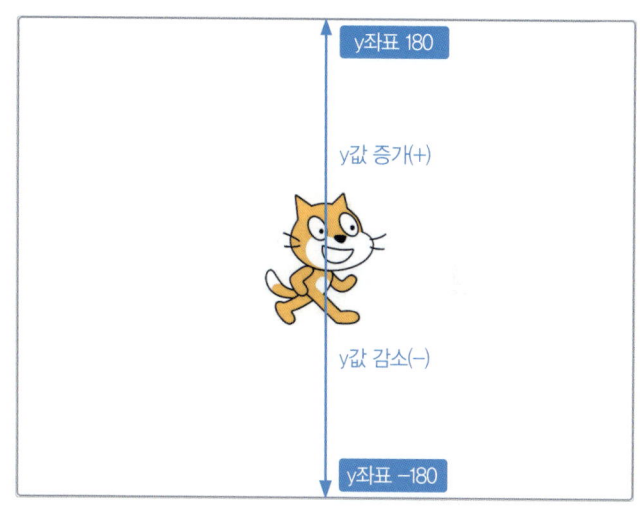

❸ 블록 사용 방법에 대해 이해합니다.

x좌표를 10 만큼 바꾸기	값을 '양수'로 입력하면 스프라이트가 '오른쪽'으로 이동합니다.
x좌표를 -10 만큼 바꾸기	값을 '음수'로 입력하면 스프라이트가 '왼쪽'으로 이동합니다.
y좌표를 10 만큼 바꾸기	값을 '양수'로 입력하면 스프라이트가 '위쪽'으로 이동합니다.
y좌표를 -10 만큼 바꾸기	값을 '음수'로 입력하면 스프라이트가 '아래쪽'으로 이동합니다.

2 떨어지는 아이스크림 받기

떨어지는 '아이스크림'을 '콘'으로 받아서 3단까지 쌓을 수 있도록 설정해 보세요.

 콘 : 키보드의 좌우 화살표키를 누르면 '콘'이 해당 방향으로 이동해요.

❶ '19강 3단 아이스크림 쌓기(예제).sb3' 파일을 불러온 후 '콘'을 선택하고 '왼쪽 화살표' 키를 눌렀을 때 왼쪽으로 이동하도록 그림과 같이 코드를 완성합니다.

`이벤트` `동작`

❷ '오른쪽 화살표' 키를 눌렀을 때 오른쪽으로 이동하도록 그림과 같이 코드를 완성합니다.

`이벤트` `동작`

 콘 : '콘'으로 '아이스크림'을 받으면 '아이스크림'이 '콘'에 쌓여요.

❸ 비어있는 콘 모양으로 '아이스크림'을 받을 때까지 기다리도록 그림과 같이 코드를 완성합니다.

`이벤트` `형태` `제어` `감지`

쏙쏙! 코드 이해하기

3단 아이스크림을 표현하기 위해 '아이스크림'에 닿기까지 기다리기를 3번 반복해요.

❹ '콘'이 '아이스크림'에 닿으면 모양을 바꿔 '아이스크림'이 쌓이도록 그림과 같이 코드를 완성합니다.

쏙쏙! 코드 이해하기
위에서 내려오는 '아이스크림'이 사라지고 '콘'에 아이스크림이 쌓인 것을 표현하기 위해 '0.2'초를 기다린 후 모양을 변경해요.

❺ '콘'에 아이스크림이 3단으로 쌓이면 "3단 아이스크림 완성!"을 말하고, 게임이 종료되도록 그림과 같이 코드를 완성합니다.

쏙쏙! 코드 이해하기
'3'번 아이스크림에 닿을때마다 모양이 바뀐 '콘'은 '3단 아이스크림' 모양이 되었기에 게임을 종료해요.

 아이스크림 : 하늘에서 한 덩이의 '아이스크림'이 무작위 위치로 떨어져요.

❻ '아이스크림'이 '3'번 반복하여 스테이지 위쪽에서 무작위 위치로 나타나도록 그림과 같이 코드를 완성합니다.

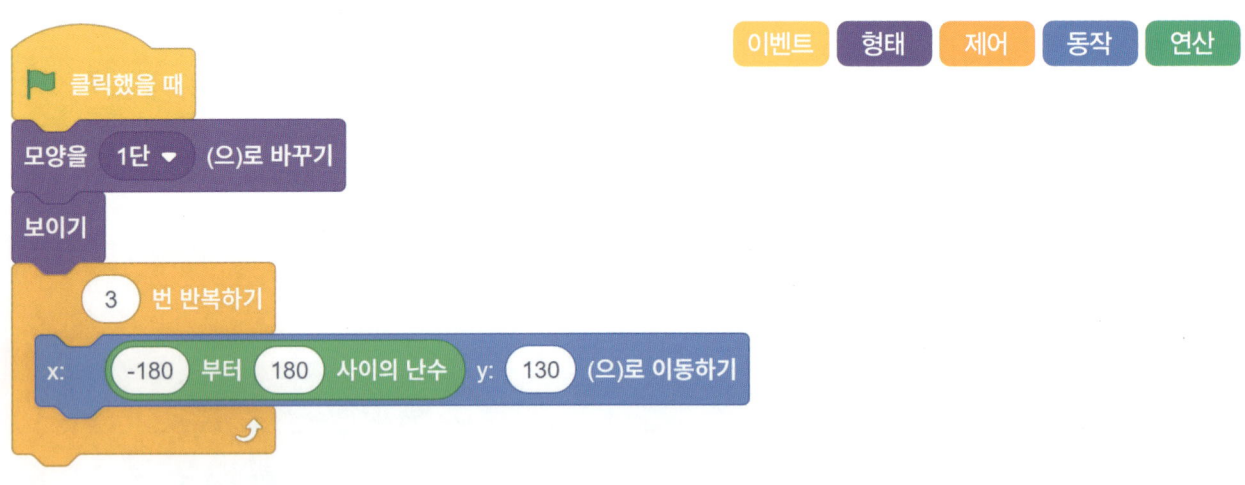

쏙쏙! 코드 이해하기
- 프로그램을 시작할 때마다 '아이스크림'이 첫 모양으로 시작할 수 있게 설정해요.
- 이후 '벽'에 닿으면 게임이 종료되도록 설정하기 때문에 x좌표를 최대 값인 '240'이 아니라 스프라이트가 벽에 닿지 않을 위치인 '180'으로 설정해요.

❼ '아이스크림'이 '콘'에 닿을 때까지 아래로 이동하고 '콘'에 닿으면 다음 모양의 '아이스크림'이 떨어지도록 그림과 같이 코드를 완성합니다.

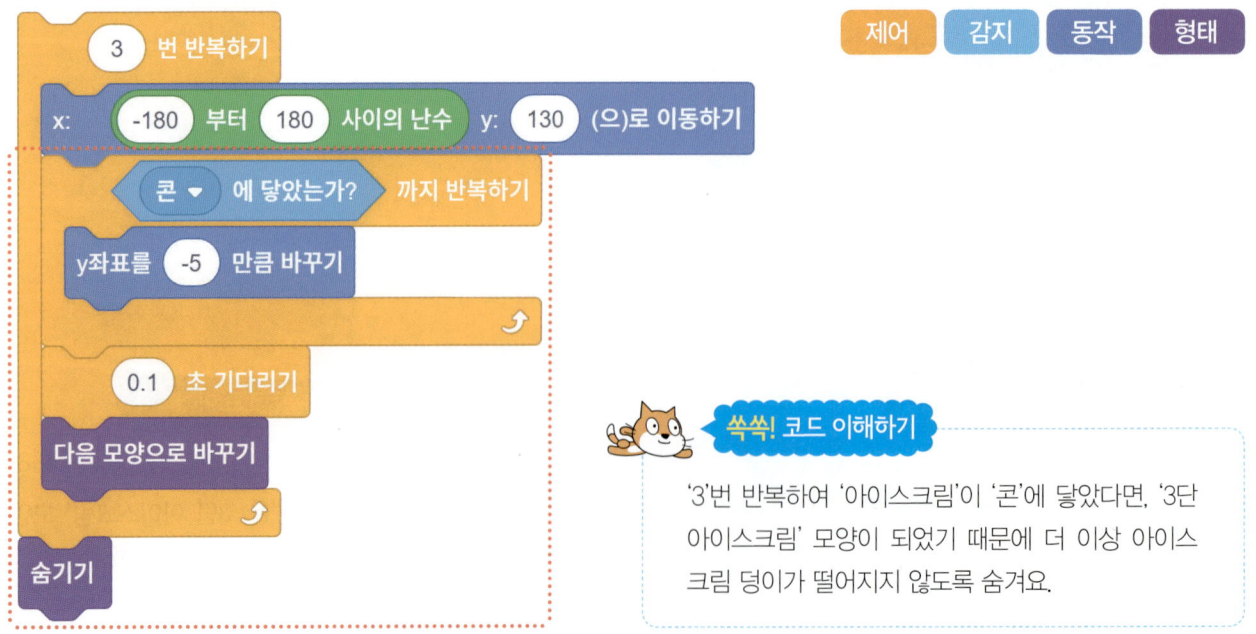

쏙쏙! 코드 이해하기
'3'번 반복하여 '아이스크림'이 '콘'에 닿았다면, '3단 아이스크림' 모양이 되었기 때문에 더 이상 아이스크림 덩이가 떨어지지 않도록 숨겨요.

3 게임 실패 설정하기

'아이스크림'을 바닥에 떨어뜨렸을 때, 게임을 실패하도록 설정해 보세요.

 아이스크림 : '아이스크림'이 바닥에 떨어졌을 때, 게임을 실패해요.

① '아이스크림'이 '벽'에 닿으면 '실패' 신호를 보내도록 그림과 같이 코드를 완성합니다.

쏙쏙! 코드 이해하기

'아이스크림'이 스테이지의 '벽'에 닿으면, '콘'에 닿을 때까지 아래로 떨어지는 스크립트를 멈추고 '실패' 신호를 보내요.

 콘 : '아이스크림'을 바닥에 떨어뜨렸을 때, "3단 아이스크림 만들기 실패!"를 말해요.

② 스프라이트 영역에서 '콘'을 선택한 뒤 '실패' 신호를 받으면 "3단 아이스크림 만들기 실패!"를 말하고 게임을 종료하도록 그림과 같이 코드를 완성합니다.

쏙쏙! 코드 이해하기

'아이스크림'이 바닥에 떨어지면 '실패' 신호를 받아 '콘'의 움직임을 멈추도록 해요.

③ 프로젝트가 완성되면 시작하기를 클릭하여 '3단 아이스크림'을 만들어 봅니다.

19 스스로 코딩

• 예제 파일 : 19강 상어 피하기(예제).sb3   • 완성 파일 : 19강 상어 피하기(완성).sb3

 예제 파일을 불러와 '상어'가 왼쪽으로 반복해 이동하도록 코딩해 보세요.

| 상어 | ① '상어'가 스테이지의 오른쪽 끝 랜덤 위치에서 나타나요.
② '다이버'에 닿으면 '상어'가 이동을 멈춰요. |

| 힌트 | • '상어'는 x좌표: '300', y좌표: '-170'~'65' 사이 값에서 나타나요.
• '상어'가 '100'번 반복하여 x좌표를 '-5'만큼씩 이동해요.
• '다이버'가 보내는 '실패' 신호를 받아요.

 키보드의 화살표키를 눌러 '다이버'가 해당 방향으로 이동할 수 있도록 코딩해 보세요.

| 다이버 | ① 키보드에서 '위쪽 화살표'키를 누르면 '다이버'가 '위쪽'으로 이동해요.
② 키보드에서 '아래쪽 화살표'키를 누르면 '다이버'가 '아래쪽'으로 이동해요.
③ '다이버'가 이동하다 '상어'에 닿으면 2초 동안 "으악"을 말한 후 게임을 종료해요. |

| 힌트 | '상어'에 닿았을 때까지 기다린 후 '실패' 신호를 보내요.

20 데칼코마니 패턴

학습목표
- 펜 기능을 추가하여 그림을 그리도록 코딩해요.
- 키보드의 화살표키를 누르면 연필이 이동하도록 코딩해요.
- 스프라이트를 복사한 후 화살표키와 방향을 다르게 이동하도록 코딩해요.

오늘의 작품은?

스테이지에 마술 연필이 생겼어요. 이 연필은 네 개의 연필이 동시에 움직여서 가로와 세로 중심선을 두고 양쪽이 똑같은 데칼코마니를 그릴 수 있게 도와줘요. 키보드의 화살표 키를 눌러 이리저리 방향을 바꿔가며 데칼코마니 패턴을 그려보도록 해요.

• 예제 파일 : 20강 패턴 그리기(예제).sb3   • 완성 파일 : 20강 패턴 그리기(완성).sb3

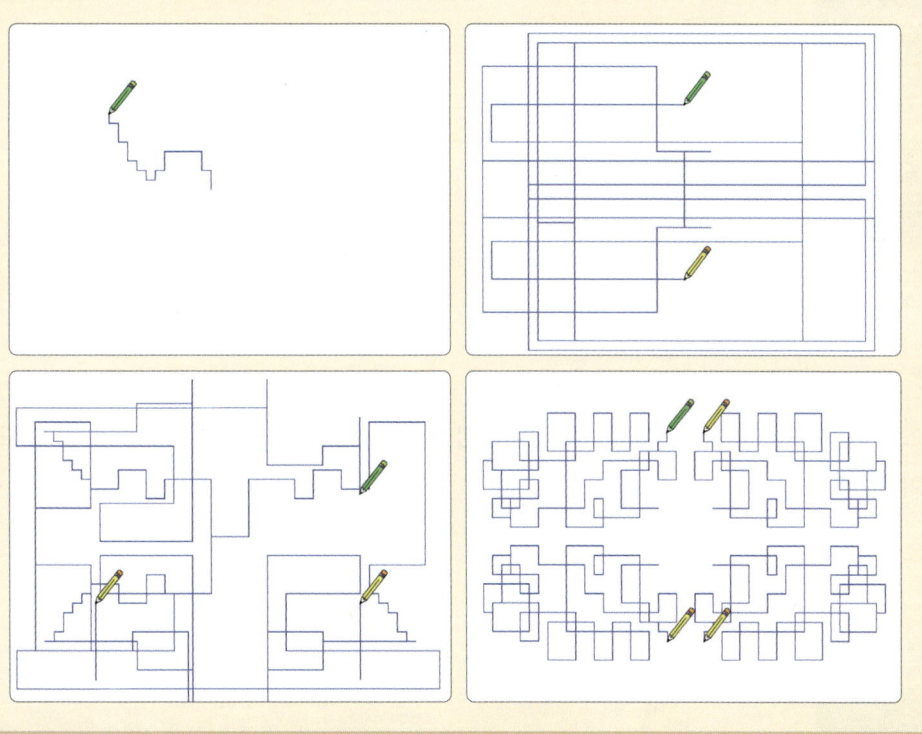

주요 블록

y좌표를 10 만큼 바꾸기   x좌표를 10 만큼 바꾸기   스페이스 ▼ 키를 눌렀을 때

1 연필 설정하기

키보드의 키에 따라 '연필'이 이동하고 그림 그리도록 설정해 보세요.

 연필 : '스페이스' 키를 누르면 그림을 그릴 수 있고, 'C'키를 누르면 그림 그리기를 멈춰요.

❶ '20강 패턴 그리기(예제).sb3' 파일을 불러온 후 [확장기능 추가하기]를 클릭하여 [펜] 기능을 추가합니다.

❷ 스프라이트 영역에서 '연필'을 선택하고 프로젝트를 시작하면 스테이지와 펜 기능의 설정이 초기화되도록 그림과 같이 코드를 완성합니다.

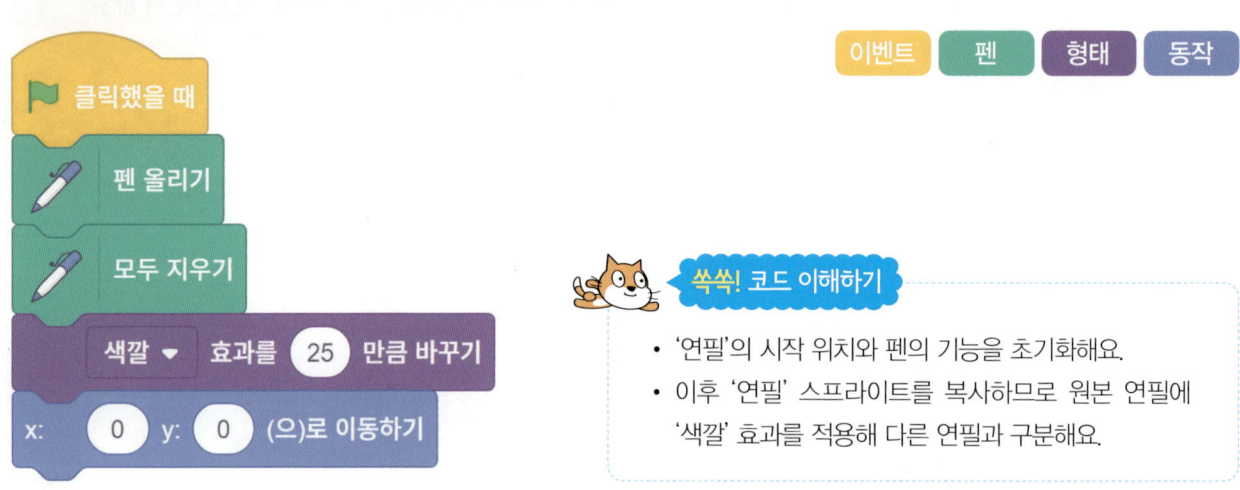

쏙쏙! 코드 이해하기
- '연필'의 시작 위치와 펜의 기능을 초기화해요.
- 이후 '연필' 스프라이트를 복사하므로 원본 연필에 '색깔' 효과를 적용해 다른 연필과 구분해요.

❸ '스페이스' 키를 누르면 그림이 그려지고, 'C'키를 누르면 그림 그리기를 멈추도록 그림과 같이 코드를 완성합니다.

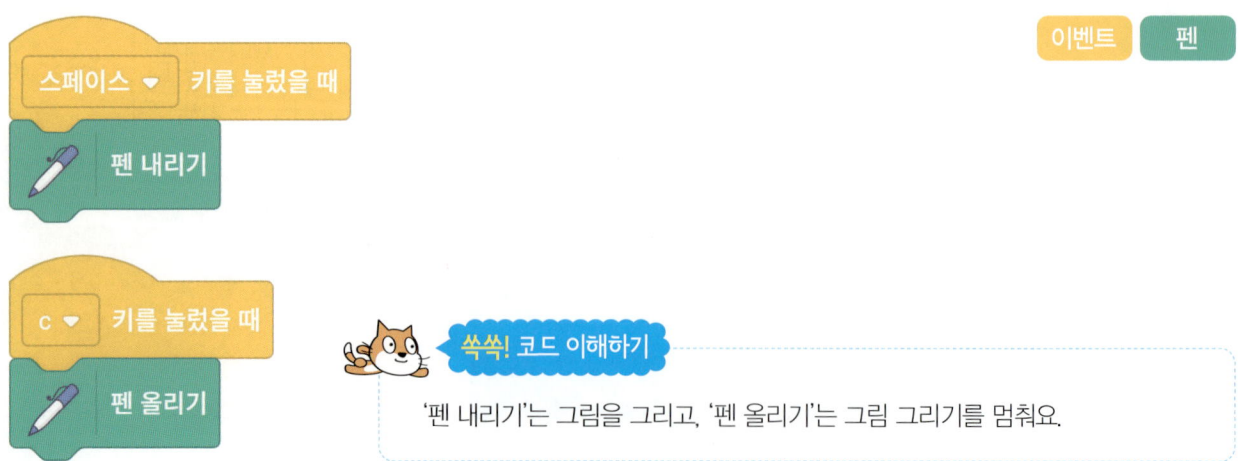

쏙쏙! 코드 이해하기
'펜 내리기'는 그림을 그리고, '펜 올리기'는 그림 그리기를 멈춰요.

연필 : 키보드의 상하좌우 화살표키를 누르면 '연필'이 해당 방향으로 이동해요.

④ 키보드에서 '위쪽 화살표'키를 누르면 '연필'이 위쪽으로 이동하도록 그림과 같이 코드를 완성합니다.

이벤트 동작

⑤ 키보드에서 '아래쪽 화살표'키를 누르면 '연필'이 아래쪽으로 이동하도록 그림과 같이 코드를 완성합니다.

이벤트 동작

 쏙쏙! 코드 이해하기

y좌표 값을 양수로 입력하면 위쪽으로 이동하고, 음수로 입력하면 아래쪽으로 이동해요.

⑥ 키보드에서 '왼쪽 화살표'키를 누르면 '연필'이 왼쪽으로 이동하도록 그림과 같이 코드를 완성합니다.

이벤트 동작

⑦ 키보드에서 '오른쪽 화살표'키를 누르면 '연필'이 오른쪽으로 이동하도록 그림과 같이 코드를 완성합니다.

이벤트 동작

 쏙쏙! 코드 이해하기

x좌표 값을 양수로 입력하면 오른쪽으로 이동하고, 음수로 입력하면 왼쪽으로 이동해요.

2 마법 연필 설정하기

키보드의 키를 누르면 '연필'과 다른 방향으로 이동하는 마법 연필을 설정해 보세요.

 연필 : 서로 다른 방향으로 움직이는 마법 연필을 만들어요.

① 스프라이트 영역에서 '연필'을 선택한 후 복사하여 '연필2'를 만듭니다.

② '연필2'를 선택한 후 스크립트에서 [모두 지우기] 블록과 ['색깔' 효과를 '25'만큼 바꾸기] 블록을 삭제하여 오른쪽 그림과 같이 코드를 완성합니다.

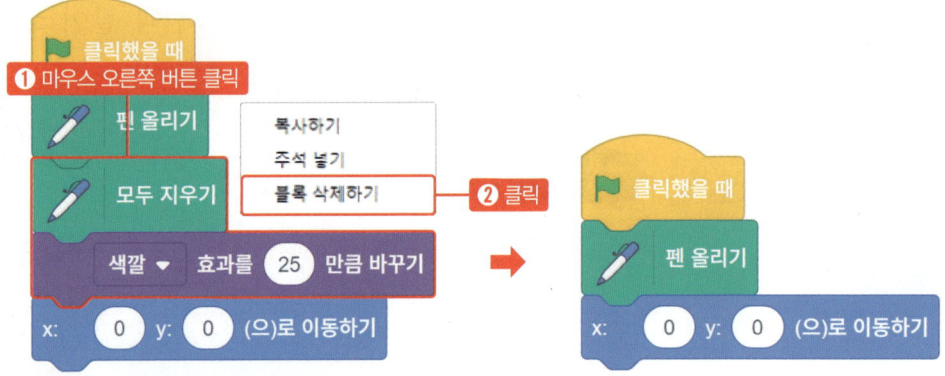

쏙쏙! 코드 이해하기
- '연필' 스프라이트를 복사해 만드는 마법 연필들은 ['색깔' 효과를 '25'만큼 바꾸기]를 삭제해요.
- 프로젝트를 시작하면 [모두 지우기] 블록은 '연필' 스프라이트에서만 사용해요.

③ 키보드에서 '위쪽 화살표'키, '아래쪽 화살표'키를 누르면 방향과 반대로 이동하도록 y좌표의 이동 값을 설정합니다.

쏙쏙! 코드 이해하기
'연필'과 반대로 이동하기 때문에 '위쪽 화살표'키일 때 y좌표를 음수로, '아래쪽 화살표'키일 때 y좌표를 양수로 입력해요.

④ 스프라이트 영역에서 '연필2'를 선택한 후 복사하여 '연필3', '연필4'를 만듭니다.

❺ 스프라이트 영역에서 '연필3'을 선택한 후 '오른쪽 화살표'키, '왼쪽 화살표'키를 누르면 방향과 반대로 이동하도록 그림과 같이 x좌표의 이동 값을 설정합니다.

 쏙쏙! 코드 이해하기

- 복사한 '연필2'는 '위쪽 화살표'키, '아래쪽 화살표'키를 누르면 반대되는 방향으로 이동하도록 설정되어있어 변경하지 않고 'x좌표'의 이동 값만 추가로 변경해요.
- '연필3'은 '연필'과 상하좌우 모두 반대로 그려져요.

❻ 스프라이트 영역에서 '연필4'를 선택한 후 위아래는 화살표 방향대로, 좌우는 방향과 반대로 이동하도록 그림과 같이 x좌표와 y좌표의 이동 값을 설정합니다.

쏙쏙! 코드 이해하기

- 복사한 '연필2'는 위아래가 화살표와 반대방향으로 설정되어 있었기 때문에 화살표 방향대로 변경해요.
- '연필4'는 '연필'과 좌우가 반대로 그려져요.

❼ 프로젝트가 완성되면 시작하기를 클릭하여 화살표키로 패턴을 그려봅니다.

20 스스로 코딩

• 예제 파일 : 20강 독수리 피하기(예제).sb3   • 완성 파일 : 20강 독수리 피하기(완성).sb3

미션 1 예제 파일을 불러와 '독수리'가 랜덤으로 비행하도록 코딩해 보세요.

 독수리
① '독수리'가 계속해서 '2'초 동안 랜덤위치로 날갯짓하며 이동해요.
② '독수리'가 '비둘기'에 닿으면 게임이 종료돼요.

| 힌트 | 이후 '비둘기'가 '충돌' 신호를 보낼거나 '독수리'가 '충돌' 신호를 받았을 때 움직임이 멈추도록 해요.

미션 2 화살표키를 눌러 '비둘기'들이 '독수리'를 피하도록 코딩해 보세요.

 비둘기
① 키보드의 화살표키를 누르면 '비둘기'가 해당 방향으로 이동해요.
② '비둘기'가 '독수리'에게 잡히면 '1'초 동안 "잡혔다"를 말해요.
③ '비둘기2~4'를 만든 후 화살표키를 누르면 각각 반대 방향으로 이동해요.

| 힌트 | '비둘기'가 '독수리'와 닿으면 '충돌' 신호를 보내고, '1'초 동안 "으악"을 말한 후 게임을 종료해요.

21 고드름아 떨어지지마!

학습목표

- 고드름이 지붕의 랜덤 위치에 나타나도록 코딩해요.
- 바닥에 닿을 때까지 아래로 떨어지도록 코딩해요.
- 고드름을 클릭하면 랜덤 크기와 위치로 이동하도록 코딩해요.

오늘의 작품은?

추운 겨울, 지붕 끝에 날카롭고 위험한 고드름이 생겼어요. 날이 따스해지니 달려있던 고드름이 하나씩 떨어지기 시작해요. 고드름이 바닥에 떨어지면 지나가는 사람이 다칠 수도 있어요. 바닥에 닿기 전에 떨어지는 고드름을 클릭하여 없애요!

• 예제 파일: 21강 떨어지는 고드름(예제).sb3   • 완성 파일: 21강 떨어지는 고드름(완성).sb3

주요 블록

1 고드름 제거하기

'고드름'이 바닥에 닿기 전에 제거하도록 설정해 보세요.

 고드름 : 지붕 끝에 있는 '고드름'이 시간이 지나면 바닥으로 떨어진 후, "제거 실패"를 말해요.

❶ '21강 떨어지는 고드름(예제).sb3' 파일을 불러온 후 '고드름'을 선택하고 '고드름'이 지붕의 랜덤 위치에 위치하도록 그림과 같이 코드를 완성합니다.

쏙쏙! 코드 이해하기

이후 '벽'에 닿으면 게임이 종료되므로 '고드름'의 x좌표는 양쪽 벽에 닿지 않는 범위('-200~200')로 입력해요.

❷ 랜덤 시간이 지난 후 '고드름'이 바닥에 닿을 때까지 아래로 떨어지도록 그림과 같이 코드를 완성합니다.

쏙쏙! 코드 이해하기

'고드름'이 바닥(아래쪽 '벽')에 닿았을 때까지 반복해서 아래쪽으로 이동해요.

❸ '고드름'이 바닥에 닿으면 "제거 실패!"를 '1'초 동안 말한 후 게임을 종료하도록 그림과 같이 코드를 완성합니다.

 쏙쏙! 코드 이해하기

"제거 실패!"를 말한 후 게임이 종료되도록 모든 코드를 멈춰요.

고드름 : '고드름'을 클릭하면 다양한 크기의 '고드름'이 다시 지붕에 매달려요.

❹ '고드름'을 클릭하면 '고드름'이 다시 지붕에 매달리도록 그림과 같이 코드를 완성합니다.

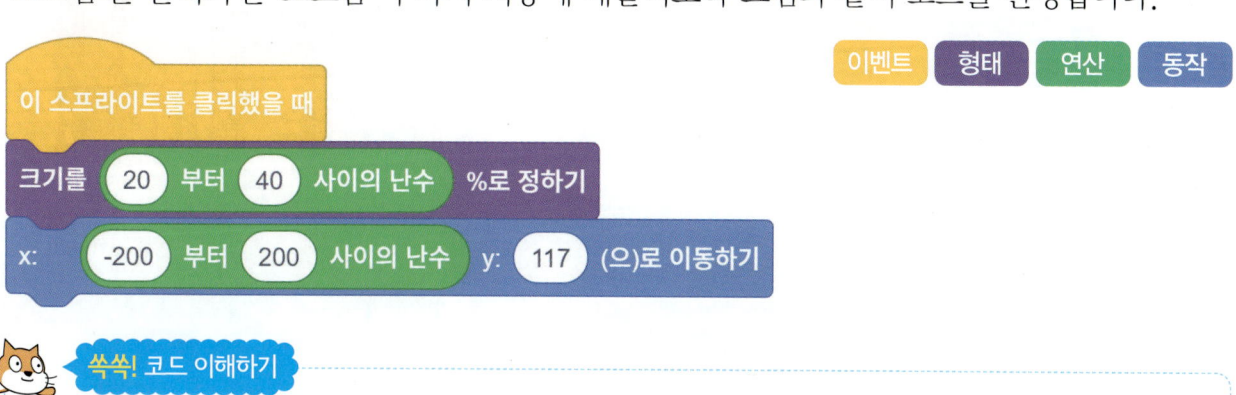

쏙쏙! 코드 이해하기

'고드름'이 다시 매달리며 크기와 위치가 랜덤으로 설정돼요.

2 고드름 복사하기

'고드름'을 복사하여 여러 개의 '고드름'이 매달리도록 설정해 보세요.

① 스프라이트 영역에서 '고드름'을 선택한 후 마우스 오른쪽 버튼을 눌러 복사합니다.

② 여러번 복사한 후 '고드름'마다 y좌표 이동 값을 다르게 설정하여 '고드름'이 떨어지는 속도를 조절해 봅니다.

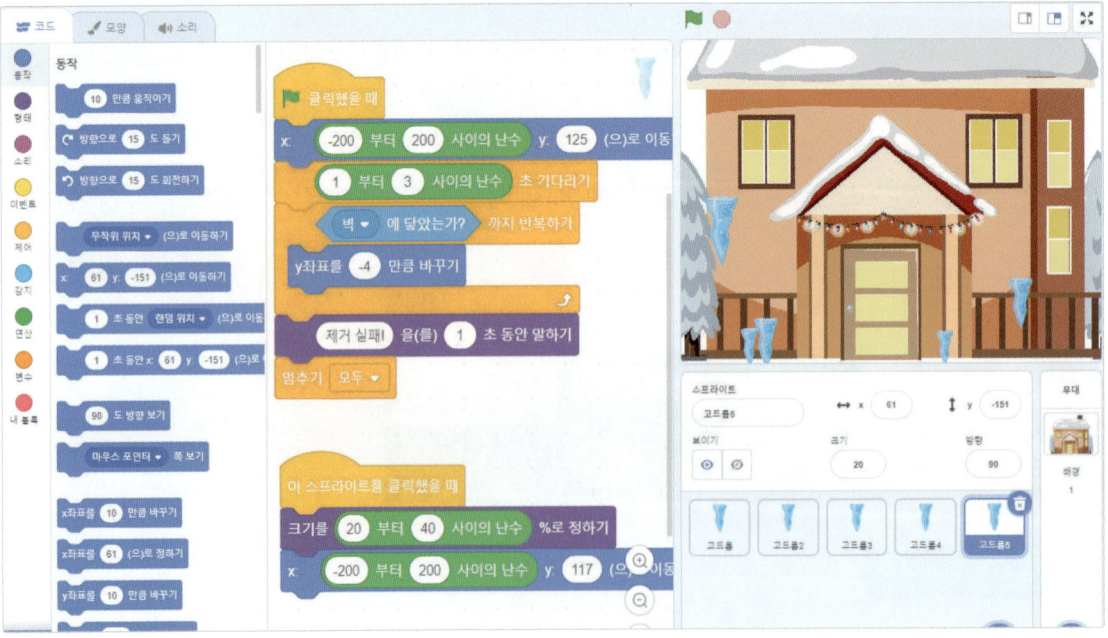

③ 프로젝트가 완성되면 지붕에 매달린 '고드름'이 바닥에 떨어지기 전에 제거해봅니다.

21 스스로 코딩

• 예제 파일 : 21강 접시 잡기(예제).sb3   • 완성 파일 : 21강 접시 잡기(완성).sb3

미션 1 예제 파일을 불러와 '접시'가 선반 위에서 떨어지도록 코딩해 보세요.

 접시
① '접시'가 선반 위 랜덤 위치에 있어요.
② '3~5'초 후 바닥으로 떨어져요.
③ 바닥에 떨어지면 "쨍그랑"을 '1'초 동안 말한 후 게임이 종료돼요.

| 힌트 | • 프로젝트가 시작되면 '접시'가 x좌표: '–140~140', y좌표: '73'로 이동해요.
• '접시'가 바닥에 닿을 때까지 '–2'만큼 이동해요.

미션 2 '접시'를 클릭하면 선반 위쪽으로 날았다가 떨어지도록 코딩해 보세요.

 접시
① '접시'를 클릭하면 선반 위쪽으로 날아가요.
② '접시'를 복사하여 '접시'의 개수를 추가해요.

| 힌트 | '접시'를 클릭하면 '1'초 동안 x좌표: '–140~140', y좌표: '160'로 이동해요.

22 웅덩이를 피해요

학습목표
- 스페이스 키를 누르면 반복해서 y좌표를 변경하도록 코딩해요.
- 웅덩이가 계속해서 왼쪽을 향해 이동하도록 코딩해요.
- 웅덩이에 닿으면 게임이 끝나도록 코딩해요.

비가 그치고 공원으로 자전거를 타러 나갔어요. 그런데 비가 온 다음이라 물이 가득 고인 웅덩이가 있네요. 웅덩이에 빠지기 전에 점프하여 하늘 위로 올라갔다 내려와요. 웅덩이에 빠지지 않고 무사히 자전거를 타도록 스페이스 키를 눌러 점프해 봐요!

• 예제 파일 : 22강 웅덩이를 피해요(예제).sb3   • 완성 파일 : 22강 웅덩이를 피해요(완성).sb3

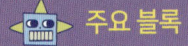 주요 블록

1 자전거 점프하기

'자전거'를 타러 간 아이가 '웅덩이'를 피할 수 있도록 설정해 보세요.

 자전거 : '스페이스' 키를 누르면 '자전거'가 점프해요.

❶ '22강 웅덩이를 피해요(예제).sb3' 파일을 불러온 후 '자전거'를 선택하고 키보드에서 '스페이스' 키를 누르면 '자전거'가 위쪽으로 이동하도록 그림과 같이 코드를 완성합니다.

쏙쏙! 코드 이해하기

위쪽으로 '5'만큼 '40'번 올라가서 원래 y좌표보다 '200'이 증가하여 스테이지 위쪽으로 이동해요.

❷ 이어서 '자전거'가 원래 위치로 내려오도록 그림과 같이 코드를 완성합니다.

쏙쏙! 코드 이해하기

아래쪽으로 '-5'만큼 '40'번 내려가서 올라간 y좌표보다 '200'이 줄어요.

Tip
올라갈 때 사용한 숫자만큼 아래로 내려가도록 입력해야 원래 위치로 돌아올 수 있어요.

2 웅덩이 설정하기

'웅덩이'에 빠졌을 때 게임이 종료되도록 설정해 보세요.

 자전거 : '자전거'가 '웅덩이'에 빠지면 "앗! 차가워!"를 말해요.

❶ 프로그램이 시작되면 '자전거'가 시작 위치에 나타나도록 그림과 같이 코드를 완성합니다.

이벤트 동작 제어

 쏙쏙! 코드 이해하기

게임을 반복해서 진행하면 '자전거'가 '웅덩이'에 닿은 채로 끝나있기 때문에, 프로그램이 시작될 때 '자전거'가 시작 위치로 돌아가도록 '1'초를 기다려요.

❷ '자전거'가 '웅덩이'에 닿으면 '2'초 동안 "앗! 차가워!"를 말하고, 게임이 종료되도록 그림과 같이 코드를 완성합니다.

제어 감지 형태

웅덩이 : '웅덩이'가 오른쪽 끝에서 나타나 '길 끝'까지 가다 '자전거'에 닿으면 움직임을 멈춰요.

❸ 스프라이트에서 '웅덩이'를 선택한 후 '웅덩이'가 오른쪽 끝에서 '길 끝'까지 이동하도록 그림과 같이 코드를 완성합니다.

쏙쏙! 코드 이해하기

스테이지 왼쪽 끝에 있는 '길 끝'에 닿을 때까지 왼쪽으로 이동하도록 설정해요.

❹ '웅덩이'가 '자전거'에 닿으면 움직임을 멈추도록 그림과 같이 코드를 완성합니다.

쏙쏙! 코드 이해하기

'이 스프라이트에 있는 다른 스크립트'를 멈추면 '길 끝'까지 이동하던 '웅덩이'가 움직임을 멈춰요.

❺ 프로젝트가 완성되면 시작하기를 클릭하여 '웅덩이'를 피해 '자전거'를 타봅니다.

22 스스로 코딩

• 예제 파일 : 22강 거북이 뛰어넘기(예제).sb3   • 완성 파일 : 22강 거북이 뛰어넘기(완성).sb3

 예제 파일을 불러와 '거북이'가 '나무'까지 지나가도록 코딩해 보세요.

 거북이
① '거북이'가 오른쪽에서 나타나 '나무'까지 지나가요.
② '나무'에 도착하면 '거북이'가 오른쪽에서 다시 나타나요.
③ '거북이'가 '토끼'에 닿으면 걸음을 멈춰요.

 '토끼'가 점프하며 '거북이'를 뛰어 넘도록 코딩해 보세요.

 토끼
① '토끼'가 계속 달려요.
② '스페이스'키를 누르면 위쪽으로 점프했다 내려와요.
③ '토끼'가 '거북이'에 닿으면 '1'초 동안 "앗!! 부딪혔어!"를 말하고, 게임을 종료해요.

| 힌트 | • '토끼'의 모양이 '0.2'초 간격으로 계속 변해요.
• '토끼'는 x좌표: '-114', y좌표: '-100' 위치에서 '거북이'에 닿을 때까지 기다려요.

23 몬스터가 나타났다!

학습목표
- 몬스터가 무작위 방향으로 회전하며 이동하도록 코딩해요.
- 키보드의 화살표키에 따라 사람이 움직이도록 코딩해요.
- 몬스터에게 닿으면 게임을 종료하도록 코딩해요.

오늘의 작품은?

어느날, 마을에 몬스터들이 나타났어요. 몬스터들은 마을 여기 저기를 누비면서 사람을 잡으려고 돌아다녀요. 키보드의 화살표키로 움직이며 장애물과 몬스터들에게 닿지 않고 집으로 돌아가야해요! 부디 집까지 무사히 돌아갈 수 있도록 도와주세요~

• 예제 파일 : 23강 몬스터가 나타났다(예제).sb3   • 완성 파일 : 23강 몬스터가 나타났다(완성).sb3

 주요 블록

`1 부터 10 사이의 난수`   `스페이스 ▼ 키를 눌렀을 때`   `성공 ▼ 신호 보내기`

1 몬스터 움직임 설정하기

'사람'을 만날 때까지 이동하며 '장애물'은 통과하지 못하도록 설정해 보세요.

 몬스터 : 랜덤 방향으로 이동하다 '장애물'을 만나면 지나가지 못하고, '사람'을 만나면 "잡았다!"를 말해요.

❶ '23강 몬스터가 나타났다(예제).sb3' 파일을 불러온 후 '몬스터'를 선택하고 '몬스터'가 '사람'을 잡을 때까지 방향을 회전하도록 그림과 같이 코드를 완성합니다.

❷ 랜덤으로 방향을 정한 '몬스터'가 '50'만큼 이동하도록 그림과 같이 코드를 완성합니다.

쏙쏙! 코드 이해하기

한번에 '50'만큼 이동하면 바로 위치로 이동하기 때문에, '10'번을 반복하여 '5'만큼씩 '몬스터'가 이동하는 모습을 보여줘요.

❸ '몬스터'가 '사람'을 잡으면 '실패' 신호를 보낸 후 '1'초 동안 "잡았다!"를 말하고 게임을 종료하도록 그림과 같이 코드를 완성합니다.

❹ '몬스터'가 처음 위치에서 이동한 후 '장애물'에 닿으면 뒷걸음질하도록 그림과 같이 코드를 완성합니다.

2 사람 설정하기

키보드의 화살표키로 움직여서 '집'까지 도착하도록 설정해 보세요.

 사람 : 키보드에서 상하좌우 화살표키를 누르면 '사람'이 해당 방향으로 이동해요.

❶ 스프라이트 영역에서 '사람'을 선택한 후 키보드에서 화살표키를 누르면 '사람'이 해당 방향으로 이동하도록 그림과 같이 코드를 완성합니다.

Tip y좌표 이동값과 x좌표 이동값도 동일하게 설정하여 키를 눌렀을 때 이동 거리가 같도록 설정하면 좋아요.

 사람 : '사람'이 '집'에 도착하면 "도착"을 말하고, '몬스터'나 '장애물'에 닿으면 게임이 종료돼요.

❷ 프로그램이 시작되면 '사람'이 시작 위치에서 나타난 후 '집'에 도착할 때까지 기다리도록 그림과 같이 코드를 완성합니다.

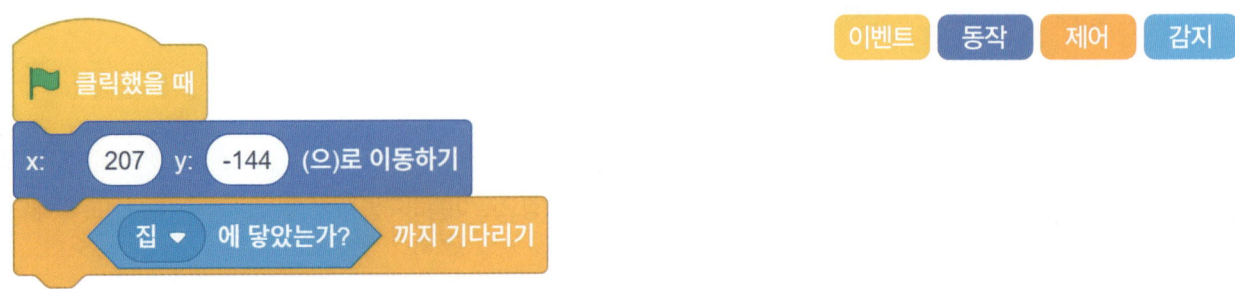

❸ '집'에 닿았을 때, '성공' 신호를 보내고 '2'초 동안 "도착"을 말한 후 게임을 종료하도록 그림과 같이 코드를 완성합니다.

❹ '사람'이 '장애물'에 닿으면 게임을 종료하도록 그림과 같이 코드를 완성합니다.

❺ '실패' 신호를 받으면 '사람'의 움직임을 멈추기 위해 그림과 같이 코드를 완성합니다.

쏙쏙! 코드 이해하기

'몬스터'가 '사람'을 잡아 '실패' 신호를 보내면 신호를 받은 '사람'이 더 이상 움직이지 못하도록 '이 스크립트에 있는 다른 스크립트'를 멈춰요.

3 몬스터 추가하기

'몬스터'가 여러 마리 나타나도록 설정해 보세요.

 몬스터 : '사람'이 '집'에 도착하면 '몬스터'의 움직임이 멈춰요.

❶ 스프라이트 영역에서 '몬스터'를 선택한 후 '성공' 신호를 받으면 '몬스터'가 움직이지 않도록 그림과 같이 코드를 완성합니다.

쏙쏙! 코드 이해하기
'사람'이 '집'에 도착했을 때 '몬스터'가 더 이상 움직이지 않도록 다른 스크립트를 멈춰요.

❷ 스프라이트 영역에서 '몬스터'를 여러 마리 복사한 후 복사한 '몬스터'들의 시작 위치를 변경하여 설정합니다.

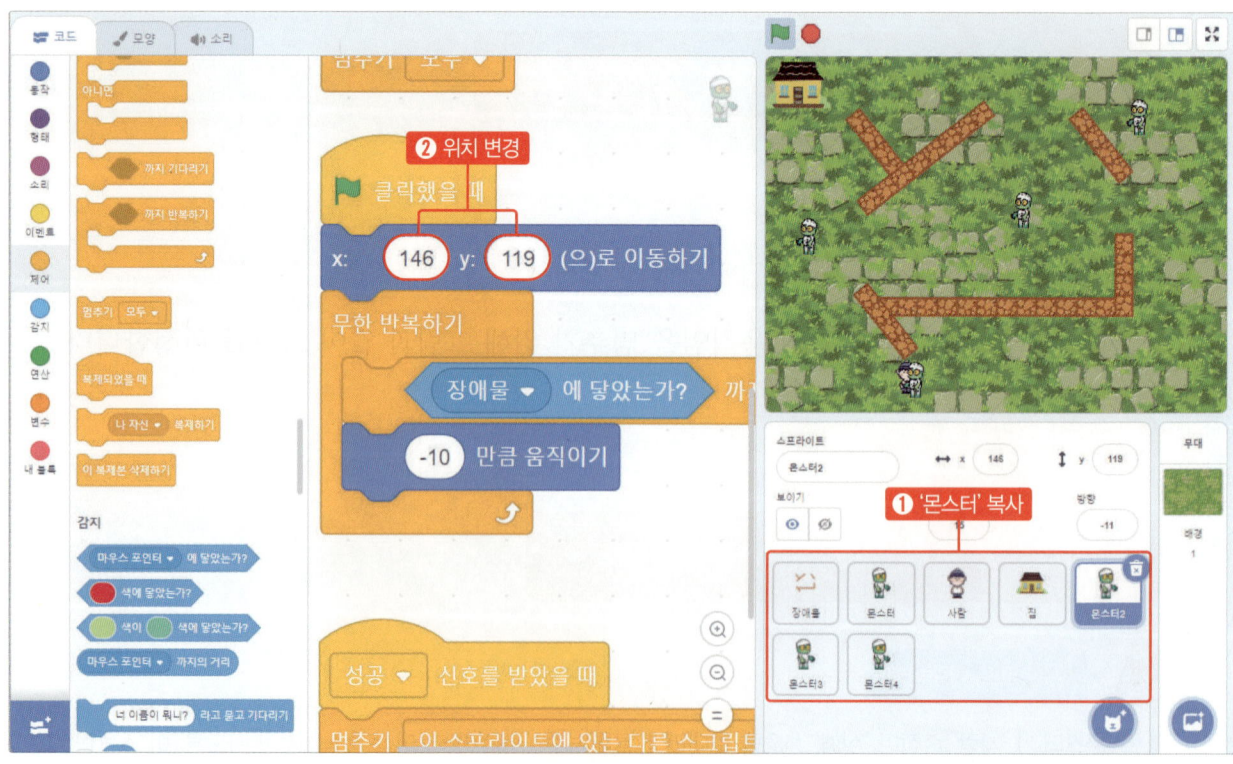

❸ 프로젝트가 완성되면 시작하기를 클릭하여 '몬스터'를 피해 '집'까지 도착해 봅니다.

23 스스로 코딩

• 예제 파일 : 23강 도둑 신고하기(예제).sb3   • 완성 파일 : 23강 도둑 신고하기(완성).sb3

미션 1 예제 파일을 불러와 '도둑'이 집 안을 돌아다니도록 코딩해 보세요.

도둑

① '도둑'이 나타나 '아이'를 찾을 때까지 집 안을 돌아다녀요.
② '도둑'이 '가구'에 닿으면 뒷걸음질 쳐요.
③ '도둑'이 '아이'를 찾으면 '들킴' 신호를 보낸 후 '1'초 동안 "쉿!!"을 말하고, 게임을 종료해요.

| 힌트 | '도둑'이 '신고' 신호를 받으면 움직임을 멈추고 모습을 숨겨요.

미션 2 '아이'가 '전화기'로 도둑을 신고할 수 있도록 코딩해 보세요.

아이

① 키보드의 화살표키를 누르면 '아이'가 해당 방향으로 이동해요.
② '아이'가 '전화기'를 찾아 '1'초 동안 "도둑 잡아주세요"를 말한 후 게임이 종료돼요.
③ '아이'가 '가구'에 닿으면 처음 위치(x: '46', y: '-100')로 이동해요.
④ '도둑'에게 들키면 '아이'가 움직이지 못해요.

| 힌트 | • '아이'가 '전화기'를 찾으면 '신고' 신호를 보내요.
• '들킴' 신호를 받으면 '이 스프라이트에 있는 다른 스크립트'를 멈춰요.

24 배달의 달인

학습목표
- 사람들이 길 위에서 좌우로 걸어다니도록 코딩해요.
- 키보드의 화살표키 방향으로 이동방향을 설정하도록 코딩해요.
- 특정한 색에 닿았을 때 명령을 실행하도록 코딩해요.

오늘의 작품은?

부르릉~ 오토바이를 타고 요리조리 좁은 골목길도 지나는 배달의 달인이 나타났어요. 오늘은 저 먼 곳에 놓인 상자 하나를 가져와주는 일이에요. 사람과 부딪히지도 않고, 길 옆으로 흐르고 있는 강에 빠지지 않은 채로 무사히 상자를 가져와 줄 수 있을까요? 화살표키를 눌러 민첩하게 이동해 봐요!

- 예제 파일 : 24강 배달 상자 수거하기(예제).sb3
- 완성 파일 : 24강 배달 상자 수거하기(완성).sb3

주요 블록

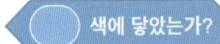 　  　

1 행인들 표현하기

'사람'들이 길을 걸어다니면서 '배달원'을 방해하도록 설정해 보세요.

 사람 : '사람'이 길 위에서 이동하다 '배달원'을 만나면 '배달원'이 처음 위치로 이동해요.

❶ '24강 배달 상자 수거하기(예제).sb3' 파일을 불러온 후 '사람'을 선택하고 '배달원'을 만나면 '재시작' 신호를 보내도록 그림과 같이 코드를 완성합니다.

❷ 모양을 '사람1'로 바꾼 후 '사람'이 왼쪽으로 '200'만큼 이동하도록 그림과 같이 코드를 완성합니다.

> 쏙쏙! 코드 이해하기
>
> 한번에 왼쪽으로 '200'만큼 이동할 경우, 좌표값을 바로 이동한 것처럼 보이기 때문에 '-2'만큼 '100'번 이동하도록 해요.

CHAPTER 24 배달의 달인 _ **149**

❸ 이어서 '사람'이 오른쪽으로 '200'만큼 이동하도록 그림과 같이 코드를 완성합니다.

❹ 스프라이트 영역에서 '사람'을 '3'번 복사하여 각 줄마다 위치시키고 스크립트에서 스프라이트의 모양과 시작 위치를 변경합니다.

Tip 시작 위치의 좌표를 쉽게 설정하려면 복사한 '사람'을 원하는 위치에 이동시킨 후 스프라이트 영역에 보이는 좌표값으로 입력해보세요.

2 배달원 이동방향 설정하기

키보드의 화살표키를 누르면 해당 방향으로 이동하도록 설정해 보세요.

 배달원 : 키보드의 화살표키를 누르면 '배달원'이 해당 방향으로 이동해요.

① '배달원'을 선택한 후 프로그램이 시작될 때 '배달원'이 스테이지 왼쪽 끝에서 출발하여 오른쪽을 보고 출발하도록 그림과 같이 코드를 완성합니다.

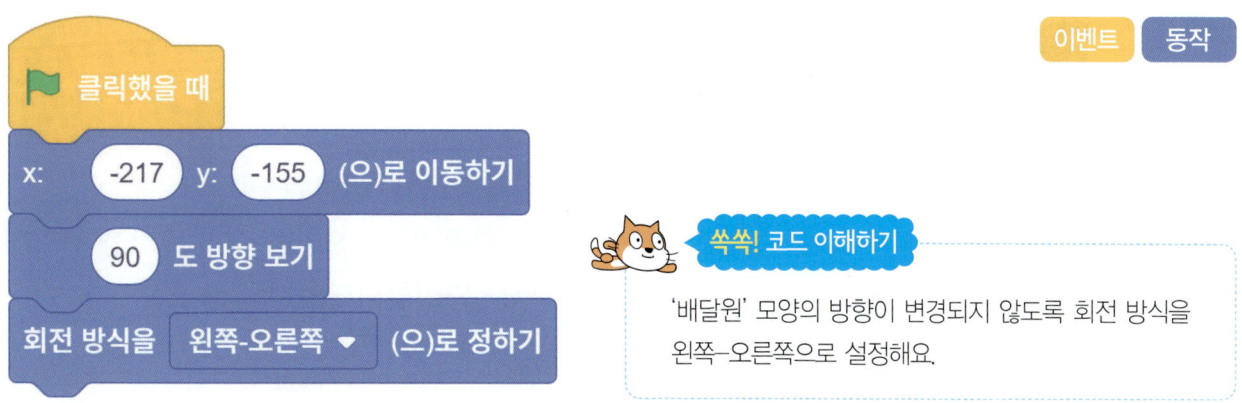

쏙쏙! 코드 이해하기

'배달원' 모양의 방향이 변경되지 않도록 회전 방식을 왼쪽-오른쪽으로 설정해요.

② '배달원'이 설정된 방향을 향해 이동하도록 그림과 같이 코드를 완성합니다.

Tip '배달원'의 속도가 느리다면 [ㅇ만큼 움직이기]에서 숫자를 높게 변경해 보세요.

❸ 키보드에서 '위쪽 화살표'키를 누르면 이동 방향이 '위쪽'으로, '아래쪽 화살표'키를 누르면 이동 방향이 '아래쪽'으로 변경되도록 그림과 같이 코드를 완성합니다.

❹ 키보드에서 '왼쪽 화살표'키를 누르면 이동 방향이 '왼쪽'으로, '오른쪽 화살표'키를 누르면 이동 방향이 '오른쪽'으로 변경되도록 그림과 같이 코드를 완성합니다.

쏙쏙! 코드 이해하기

스크래치에서는 '-90'도는 '270'도를 의미해요.

❺ '재시작' 신호를 받으면 '배달원'의 위치와 방향을 재설정하도록 그림과 같이 코드를 완성합니다.

3. 조건 설정하기

길 옆 하천에 빠지거나 '상자'를 수거할 때의 조건을 설정해 보세요.

 배달원 : '배달원'이 물에 빠지면 처음 위치로 이동하고, '상자'를 수거하면 "상자 수거 완료"를 말해요.

① '배달원'이 이동하다 길이 아닌 곳의 색에 닿았다면 '재시작' 신호를 보내도록 그림과 같이 코드를 완성합니다.

Tip 블록의 색 부분을 클릭한 후 🖌를 클릭하여 스테이지에서 색을 선택해요.

② '배달원'이 '상자'를 수거하면 '2'초 동안 "상자 수거 완료"를 말하도록 그림과 같이 코드를 완성합니다.

③ 프로젝트가 완성되면 시작하기를 클릭하여 '배달원'이 '상자'를 수거하도록 이동해 봅니다.

24 스스로 코딩

• 예제 파일 : 24강 공 굴리기(예제).sb3 • 완성 파일 : 24강 공 굴리기(완성).sb3

 예제 파일을 불러와 키보드의 화살표키로 '공'을 굴리도록 코딩해 보세요.

 공

① 키보드의 화살표키를 누르면 '공'의 이동 방향이 변경돼요.
② '공'이 처음 위치에서 왼쪽 방향으로, '1'의 속도로 계속 굴러가요.

| 힌트 | • '공'의 처음 위치는 x: '205', y: '27'로 설정하고, 방향은 '-90'도로 설정해요.
• 키보드의 화살표키 방향에 따라 '0', '90', '180', '-90'도 방향을 보도록 설정해요.

 '공'이 '도착위치'에 닿으면 게임을 종료하도록 코딩해 보세요.

 공

① '공'이 '미로'에 닿으면 처음 위치로 돌아가서, 왼쪽 방향으로 바라봐요.
② '공'이 '도착위치'에 닿으면 움직임을 멈춰요.
③ 움직임을 멈춘 '공'이 '2'초 동안 "도착!"을 말한 후 게임을 종료해요.

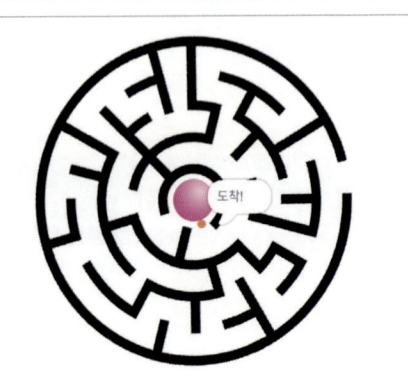

| 힌트 | '공'이 '도착위치'에 닿았을 때, '이 스프라이트에 있는 다른 스크립트'를 멈춰요.

초등 전과목
디지털학습 플랫폼

디지털 초크

첫 달 100원
무제한 스터디밍

지금 신규 가입하면
첫 달 ~~9,500원~~ → 100원!

초등 전과목
교과 학습

AI 문해력
강화 솔루션

AI 수학 실력
향상 프로그램

웹툰으로 만나는
학습 만화

초중고 교과서 발행 부수 1위 기업 **MiraeN**

초등 전과목
디지털학습 플랫폼

디지털 초코

첫 달 100원
무제한 스터디밍

지금 신규 가입하면
첫 달 ~~9,500원~~ → 100원!

초등 전과목
교과 학습

AI 문해력
강화 솔루션

AI 수학 실력
향상 프로그램

웹툰으로 만나는
학습 만화

초중고 교과서 발행 부수 1위 기업 MiraeN